MARCO

POLO

AND

CHINA

马可·波罗
与中国

吴兴勇　著

江西人民出版社
Jiangxi People's Publishing House
全国百佳出版社

目　录

引 言

在科学昌明、交通发达的今天，存在着各种现代化的交通工具和通信工具。我们到全球各地旅行，可以乘坐汽车、火车、轮船和飞机等。我们通过电视机、电脑、手机等，就可以收到全球各地的信息，了解天下大事。同样，我们通过电话和社交软件等，就可与世界各地的人们通话。科学使地球变小了，成了"地球村"。培根说："知识就是力量。"科学知识使普通人变成了巨人，现代人犹如古人幻想中的神仙，具有通天的本领，可以坐着飞机穿梭于云层中，或乘坐航天飞机在太空飞行。

可在古代，要想旅行是很不容易的，那时大多只能靠徒步跋涉，从一个国家走到另一个国家，往往要数年时间，而且途中还有高山海洋等艰难险阻使你畏难而退。穿越沙漠有诸多危险，一般都是骑着骆驼穿行。穿过林莽会遇到毒蛇猛兽，必须配有武器。越洋渡海得乘舟坐船，古代的船只很小，没有涡轮机等现代动力设备，一遇风浪，就有倾覆的危险。因此，汉朝班超派使者甘英出使大秦（罗马帝国），甘英走到条支海（今波斯湾）地中海边，听说海上航行的艰难，就不敢前进了。我们不要责怪古人胆小，当时航海的确艰险。

古代航海比今天乘坐航天飞机还更危险。美国航天飞机"挑战者"号因故障爆炸，造成数名航天员遇难，他们的名字永留史册。古代有不计其数的航海员在海上，葬身鱼腹，其名字却难以一个个地查考。古代欧洲的海船比现代渡船大不了多少，每艘只能载20—50人，人们挤在阴暗狭窄的住舱里都不能直立；且厨房的装备极差，天气稍有变化就无法生火，导致水手们不得不吃没有烹调好的饭菜。古人懂得晒鱼干，但不懂得制作罐头食品，只要一离开海岸，就没有新鲜蔬菜可吃。那时船上的淡水是用小木桶装的，不久即变陈腐，水手们经常喝不洁净的水，加上不知道细菌为何物，更没有抗生素这样的药物，人一旦发高烧就没法治疗，许多人就莫名其妙地死掉了。的确，早期航海者在船上的死亡率是高得惊人的。1519年，200多名水手背井离乡，随同麦哲伦环球航行，其中只有18名生还。17世纪，当西欧与东印度群岛等地之间的贸易极为活跃时，一次自荷兰阿姆斯特丹至今天的印度尼西亚之间往返的航行中，40%的死亡率是不足为奇的。遇难者大部分死于坏血病，这是一种由于身体内缺乏维生素C所引起的疾病，主要原因就是食物中缺乏蔬菜和水果。

古人说："道不行，乘桴浮于海。"说起来轻松，要真的实行起来可不容易啊！古代浮海难，难于上青天。不走海路走陆路吧，可陆路也不好走。东西方文明的十字路口在中亚细亚（简称"中亚"，指亚洲中部地区），可中亚处于内陆，有许多沙漠地带，中国古人把沙漠称为"戈壁""瀚海"是有道理的。俄国探险家尼古拉·米哈伊洛维奇·普尔热瓦尔斯基在描写沙漠时说："在旅行者的眼前，连续几个星期都是同一种单调的景色：一望无际的平原，因去年枯死的草而显现出一片黄色，能见到的要么就是发黑的、嶙峋不平的山岩群，要么就是慢坡的山岗……""走了数十公里，甚至数百公里，我们看到的都是光秃秃的颗粒状的沙子。沙粒蒸发出酷热，使旅行者窒息，或者以沙暴形式向旅行者扑来。找不到一滴水，也找不到飞禽走兽，死一般的荒凉，使无意走入此地的人的心中充满了恐惧……""一路上不断遇见倒毙的马、骡、骆驼的尸骨……龙卷风常常一闪而过，远远地带着旋转的尘柱。在旅行者的前面乃至四面八方出现海市蜃楼。白天炎热得无法忍耐，太阳从升起到落下始终燃烧着。裸露的土地被晒热到 63 ℃，在阴处也不低于 35 ℃……"可见，沙漠中的环境十分恶劣。

从古以来，不知有多少探险家为了打通东西方的道路，离开心爱的故乡，在海上乘风破浪，在陆上艰苦奔波，跋山涉水，穿越沙漠，行程数万里。他们在途中所遇到的困难，是我们现代人难以想象的。他们身负的使命看起来毫无实现的希望，但他们的勇气和胆略确实值得我们钦佩。他们中的许多人把白骨永远留在了一望无际的瀚海里，或者某个荒凉的沙滩上。他们以生命作赌注，人生对他们来说就是光荣的冒险。

在他们之中，只有少数幸运儿战胜了重重险阻，终于来到了他们朝思暮想的目的地或"发现"了未知的陆地，把名字永留在史册上。这些人的成功是以千千万万倒在途中的失败者为阶梯的，我们今天读到他们的名字时，要知道他们身后有一支由无数无名的探险家组成的大军，他们只是极少数的幸运儿而已。这些幸运儿的名字分别是"发现"美洲大陆的哥伦布、首次环球航行的麦哲伦和发现通往印度海路的达·伽马。而在他们之前还有一个首先来到东方中国的先行者，就是本书要细说的马可·波罗。

马可·波罗是意大利杰出的旅行家，约 1254 年出生在威尼斯的一个商人家庭。马可是名，波罗是姓。威尼斯位于亚得里亚海威尼斯湾西北岸，是一个古老的商业城市。13 世纪时，威尼斯是东方货物运往中欧和北欧的一个港口。马可·波罗居住在这样一个经营中介贸易的城市，从小就受到商人和旅行家的影响。他的家庭也是以商业为生，他的父亲和两个叔叔都是威尼斯的巨商，经常奔走于地中海东部，进行商业活动。1260 年，他的父亲尼哥罗和叔父马窦经商于君士坦丁堡（伊斯坦布尔的古称），1262 年又到了中亚的布哈拉，因为前方战事而逗留了三年。有一天，一个奉蒙古大汗忽必烈之命到伊儿汗国执行任务的使臣在归途中经过布哈拉，看到这两位威尼斯商人，大为惊奇。因为在这以前，他们从来没有见过拉丁人（泛指受拉丁语及罗马文化影响较深、说印欧语系罗曼语族语言的地中海北岸各民族）。使臣对这兄弟俩说，蒙古大汗从未见过拉丁人，极愿见之，并邀请他们一同前往觐见大汗。经过足一年的骑行，尼哥罗兄弟和使臣大约在 1266 年到了中国，见到了当时的蒙古大汗，也就是中国史书上称为元世祖的忽必烈。忽必烈对这两个西方人十分优待。他们回国时，忽必烈任命他们为使臣，携带国书呈交罗马教皇，希望教皇派 100 名学者到中国来。1269 年，尼哥罗兄弟到达阿迦城，但此时教皇去世，他们只能先回威尼斯，等待新教皇被选出，以呈上忽必烈的信函。两人终于回到阔别近十载的故乡，与家人团聚，彼时，马可·波罗已经是 15 岁的少年了。

尼哥罗兄弟在外的经商和旅行经历，特别是从东方带回的动人见闻，使得马可·波罗既羡慕又敬仰，他也很想做一个商人漫游东方。两年之后，马可·波罗这个美好的愿望实现了。1271 年，新教皇还未选出，尼哥罗和马窦动身去中国，带着马可·波罗同行。

1271 年下半年，新的教皇格列高利十世即位，尼哥罗一行折返回阿迦城，听取教皇指示。年末，教皇派出两名修士跟随他们去蒙古。他们乘舟渡过地中海，先来到阿克港，然后到亚美尼亚，在亚美尼亚转向南行，经过沙漠，到达当时商业繁盛的霍尔木兹。霍尔木兹濒临波斯湾，在此海陆两路东行都可以到中国。他们原想由此经海路航行到达印度，再由印度前往中国，但是他们看到，霍尔木兹港的航船很不牢靠。马可·波罗等人经过磋商，选定由陆路去中国，向北穿越荒无人烟的伊朗高原。这段路程地势很高，道路崎岖不平，还有沙漠，行走非常艰苦。马可·波罗在他的游记中专门有一章描述通过沙漠的困难情景："前三日路上无水，虽有若无，盖所见之水，味苦色绿，奇咸不可饮。饮此水一滴者，在道必洞泄十次……然牲畜渴甚，不得不饮此咸水，故偶有泄痢而致毙者。三日之中，不见民居。尽是沙漠干旱，亦无野兽痕迹，盖其不能在其中求食也。"

马可·波罗一行人越过中亚大沙漠，翻过帕米尔高原，进入今天的新疆地区。他们首先到了喀什，然后沿着塔克拉玛干沙漠的西部边缘行走，抵达莎车，继而向东又到达和田与且末，然后马可·波罗等人访问了罗不城。此城今天已经不存在，它的位置大概离现在的罗布泊不远。他们从罗不城东行，经敦煌、酒泉、张掖、宁夏等地，费了三年半的时间，才于 1275 年夏天抵达元上都（忽必烈避暑的行宫，今内蒙古自治区锡林郭勒盟正蓝旗南部）。元朝正式国都设在北京，那时称为大都，后来马可·波罗等人到达这里，并居住了多年，在游记中他称北京为"汗八里"。

马可·波罗一行人所走的道路，正是古代中国与西方之间的商路。由于中国丝绸业兴盛，丝绸大量传至欧洲，所以西方人用丝绸来命名这条商路，称它为"丝绸之路"。西汉张骞出使西域后，丝绸之路逐渐形成，东西商人在这条路上往来不绝。

马可·波罗一行在上都觐见忽必烈，并呈递了教皇格列高利十世的回书。忽必烈非常高兴，在宫中设宴欢迎，并留他们在朝中居住下来。马可·波罗年轻聪明，善于学习，很快熟悉了东方的风俗和语言，加上他做事谨慎认真，所以忽必烈对他十分器重，几次安排他访问国内各地和一些邻近的国家。大约在 1277 至 1280 年，马可·波罗离开京城到云南旅游访问。他从北京出发，经由河北到山西，过黄河进入关中，然后自关中越过秦岭至四川成都，大概又从成都西行至建昌，最后渡过金沙江，到达云南昆明。马可·波罗除访问云南外，还游历了江南一带，游记里没有明确的行程记载，所走的路线也缺乏具体说明。但是，他的游记中有关于淮安、宝应、高邮、泰州、扬州、南京、苏州、杭州、福州、泉州等城市的记载。此外，马可·波罗在旅居中国期间，还奉使去过东南亚的一些国家：他的游记里提到了印度尼西亚、菲律宾、越南和缅甸等国。马可·波罗每次访问时，都对沿途的风物异俗注意打听、留心观察，因此归来禀奏大汗时，常常受到赞扬。忽必烈对马可·波罗十分信任，除了多次派他出使之外，还任命他为扬州地方官，马可·波罗在那里住了三年。

马可·波罗等人虽然受到忽必烈的信任，然而，他们毕竟是意大利人，旅居国外的时间长了，难免思念故土。1286年，他们终于有了归国的机会。那年伊儿汗阿鲁浑（旭烈兀的继承者）的哈敦（蒙古语，王妃）大不鲁罕去世。阿鲁浑派来三个使臣，求娶大不鲁罕的族女来继承其王妃之位。忽必烈选定卜鲁罕部少女阔阔真作为和亲公主，并准备由海路将其送往波斯嫁与阿鲁浑。由于马可·波罗出使过南洋，熟悉海上情况，于是波斯使臣又请求忽必烈委派三位威尼斯旅行家护送。忽必烈经过仔细考虑，同意了他们的请求，决定让马可·波罗和他的父亲、叔父护送阔阔真公主到波斯，然后顺道归国。

忽必烈命令部下准备船只和两年的粮食，并在宫中召见马可·波罗一行，赐以通行的两面金牌。1292年初，这一行人分乘13艘四桅帆船从福建泉州登船启航，向波斯进发。他们利用冬季信风，扬帆西行，经过约18个月的航行，途经苏门答腊、斯里兰卡、马拉巴尔海岸，直驶波斯湾的霍尔木兹，由此登陆至波斯，完成了护送阔阔真公主的使命。但这时阿鲁浑已死，阔阔真公主被立为阿鲁浑之子合赞的王妃。这三个威尼斯人由波斯继续西行，经黑海沿岸的特拉布宗，由此坐船经君士坦丁堡，于1295年回到了离别24年的家乡威尼斯。马可·波罗等人的返程同东行一样，也用了三年半的时间，其中有两年多的时间航行于海上，并遭遇了很多危险。据记载，这一行600多人，到波斯登陆的只有8人，其他人都不幸为大海所吞没，葬身鱼腹了。

马可·波罗随父离开威尼斯的时候，只有17岁，1295年返归故里时已经 41 岁了，额上已有了皱纹。他们离家 24 年，杳无音信，邻里乡亲都认为他们早已死去，房屋也被亲属占据。经过一番周折，马可·波罗等人才与邻里乡亲彼此相认，被请入住宅，受到热情款待。马可·波罗漫游东方的消息轰动了全城，大家争相前来看望。相传他们从中国带来许多金银珠宝、奇珍异物，还传说在他们的衣褶之中缝有许多宝石。因此，波罗一家成为威尼斯的豪门巨富，其住处被称为"百万巷"，马可·波罗被称为"百万家私的马可"。

当时意大利的海滨城邦，除威尼斯外，还有一个热那亚。意大利半岛像一只伸向地中海的长筒皮靴，"长筒"的西北边是热那亚，东北边是威尼斯。这两个城市国家都忙着与亚洲做生意。为了争夺市场，他们都向地中海的东部派出船队，以扩充自己的势力。两个城市的船队经常发生战争。马可·波罗为了保卫威尼斯的权益，自己出资装备了一艘战船，自任船长，加入了威尼斯船队。1298 年 9 月，威尼斯和热那亚的船队在亚得里亚海上发生激战，结果威尼斯大败，马可·波罗连人带船一起被俘，被关进了热那亚的狱中。由于马可·波罗是从东方回来的旅行家，名声很大，在被监禁期间，不少人常往狱中访问他，了解亚洲的奇事。此时有一位同在狱中的比萨作家鲁思梯切诺，将马可·波罗口述的东方游记用当时欧洲流行的法兰西语记录下来，这便是《马可·波罗行纪》，也称《东方见闻录》。由于马可·波罗的游记广泛流传，声名远播，热那亚人于 1299 年将他无条件释放。此后，马可·波罗安居威尼斯，并成为威尼斯大议会的议员。1324 年，马可·波罗逝世。

《马可·波罗行纪》全书共分四卷，第一卷叙述马可·波罗诸人东游时的沿途见闻，直至上都为止；第二卷记载了元朝初年的政治和大汗忽必烈的宫廷生活，描述了北京、西安、开封、成都、昆明、南京、镇江、扬州、苏州、杭州、福州、泉州等城市的繁华景象；第三卷介绍日本、越南、印度尼西亚、斯里兰卡、印度，印度洋沿岸诸岛及非洲东部等地区的情况；第四卷讲成吉思汗以后蒙古各汗国之间的战争和俄罗斯的概况。卷下分章，每章叙述一个地方的情况或者记载一件史事。书中记述的国家、城市的地名有 100 多个，而这些国家和城市的情况，综括起来有山川地形、物产、气候、商贾贸易、居民、宗教信仰、风俗习惯等。

《马可·波罗行纪》是一部关于亚洲的游记，它真实地记录了中亚、西亚、东南亚等地区许多国家的情况，而其重点部分则是关于中国的见闻。该书以大幅的篇章，记述了中国无穷无尽的财富、繁华的商业城市、极好的道路和桥梁，以及华丽的宫殿建筑。游记的第二卷在全书中所占分量最重，主要是关于中国的叙述。这一卷用了很多篇幅描述忽必烈和北京的情况。马可·波罗记述当时北京这个城市的轮廓是方的，四周环绕土墙，城墙上下不一样宽，愈高愈窄，最上面还不到三步宽；全城有 12 个城门，上面各有一个城楼；街道又宽又直，甚至从街道的一头能够看到另一头。关于皇室的宫殿建筑，游记也作了精彩的描述：宫顶甚高，内殿及诸室墙壁刻画涂金，上面画着龙、兽、鸟和骑士等形象。这位旅行家赞叹说"其宫之大，素所未见"，"房屋之多，可谓奇观。此宫壮丽富赡，世人布置之良，诚无逾于此者"。对于北京商业之发达，贸易之繁盛，游记也有记载："百物输入之众，有如川流之不息。仅丝一项，每日入城者计有千车。用此丝制作不少金锦绸绢，及其他数种物品。"

在游记的第二卷，马可·波罗还对杭州有详细的叙述。书中称杭州为"行在""天城"，称苏州为"地城"。"行在"是南宋时期对杭州的一般称呼，指皇帝行幸所在的地方；而"天城""地城"，也就是我国谚语"上有天堂，下有苏杭"的一种译称。对于当时号称"天堂"的杭州，马可·波罗在游记里记载：杭州人烟稠密，房屋达160万所，市内交通方便，市容整洁。石铺路面，有阴沟泄水，在城内光浴室就有许多处。这里商业发达，市场繁荣，"城中有大市十所""每星期有三日，为市集之日，有四五万人挈消费之百货来此贸易"。美丽的西湖更是人们游憩的良好处所，泛舟湖上，可使城市全景，一览无余。因此，他的结论是："行在城所供给之快乐，世界诸城无有及之者，人处其中，自信为置身天堂。"

马可·波罗是商人，每到一地，对于当地的物产及商业的情况非常留心观察和记载。他特别注意珠宝、香料和丝绸等东方特产。例如他在江苏的宝应、南京、镇江、苏州等城市游历时，便突出地记载了纺织锦缎绸绢工业的情况，对宝应县城的记载是：居民"恃商工为活，有丝甚饶，用织金锦丝绢，种类多而且美，凡生活必需之物，皆丰饶"。马可·波罗在云南旅游时，对黄金、白银作了很多的记述。书中说哈刺章城（今大理）"产金块甚饶，川湖及山中有之"。

马可·波罗关于中国的记述，不只限于经济发达的通都大邑，对一些人烟稀少、经济落后的地区，书中也有所反映。马可·波罗在访问云南时曾到过西藏东部，在游记中有两章的篇幅介绍西藏。他说西藏地方很大，在很多地方交织着河流，散布着湖泊，当地人民从事农业和畜牧业生产，过着自在的生活。他们没有钱币，以盐为货币，衣服简陋，以兽皮或用大麻、粗毛所织的布匹遮身。这里野兽很多，有一种野牛性情凶猛，身躯极大；还有一种野兽，每月产一次麝香，洒在地上，到处可以闻到它的香味。

在《马可·波罗行纪》中，还有两章专讲元代通行的纸钞以及人们使用已久的煤。据马可·波罗的记述，忽必烈在京城设有造币局，在那里利用桑树皮制造纸张，然后将它制作成纸币；这种纸币不但通行国内，而且在和外商的贸易中也有流通。他还记载在中国北方亲眼见到一种能用作燃料的黑色石头，燃烧起来和木材差不多，但它产生的热量要比木材大得多。毫无疑问，这里说的就是我国境内蕴藏丰富的煤炭。其实，我国早在汉代便发明了造纸术，宋代就有了纸币。至于以煤为燃料，汉代就已经开始了。马可·波罗将其当作"奇异事物"来记述，说明欧洲在 13 世纪还不知道煤这种燃料。

《马可·波罗行纪》对亚洲其他地方也有很多的描述。马可·波罗等人东游中国，主要经过西亚和中亚，因此游记里关于这些地方的地理物产、历史事迹、历史人物的逸事趣闻，以及经济、文化、风俗、民情等等，都有或详或略的记载。例如马可·波罗行经霍尔木兹城时，对这座濒临波斯湾的海滨城市的位置、气候、物产、商业和船舶，以及当地的习俗等，都作了相当详细的记述。对这个地方的气候也作了有趣的描述："其地天时酷热，居民不居城中，而居城外园林。园林之间，水泉不少……夏季数有热风，自沙漠来至平原。其热度之大，不知防御者遭之必死。所以居民一觉热风之至，即入水中仅露其首，俟风过再出。"此种沉水避热的方法，据说今天在酷热季节当地仍然有人采用。马可·波罗是由海路回归故里的，他对海中星罗棋布、犹如迷宫似的岛屿和富饶的热带资源，诸如象、犀、狮、虎、猿、猴、孔雀、鹦鹉、椰子、丁香、苏木、檀香、珍珠、宝石等的记述非常引人入胜。

这部游记对亚洲以外的其他一些地方也作了描述。例如书中对东非的桑给巴尔和马达加斯加、北方的俄罗斯和北冰洋等地，都作了若干叙述。许多地方，诸如东非海岸的桑给巴尔、马达加斯加等地，都是由马可·波罗第一次介绍给欧洲人的。

《马可·波罗行纪》在14世纪初便问世了。这部游记，在中古时代的地理学史、亚洲历史、中西交通史和中意关系史等各方面，都有着重要的历史价值。该书所述的东方见闻，都是欧洲人以前所不知道的。一般人都为其新奇所动，争相传诵和翻印，所以该书像《天方夜谭》一样，很快就传开了。特别是14世纪以后，土耳其的奥斯曼帝国兴起，战争年年无休止，土耳其人攻陷君士坦丁堡，拜占庭帝国灭亡，东西交通受到阻塞，欧洲人对于东方的认识，就全靠马可·波罗的游记。例如1375年西班牙的加塔兰大地图（也称加泰罗尼亚地图），便是冲破猜疑，以马可·波罗的游记为主要参考书制成的。地图中的印度、中亚和东亚部分都取材于这部著作，其成为中世纪最有价值的地图，以后的地图也多以此为依据。

马可·波罗的游记，内容非常丰富。它打开了中古时代欧洲人的地理视野，在他们面前展示了宽阔而富饶的土地和国家，引起了他们对于东方的向往。15、16世纪欧洲航海家和探险队的领导者大都读过马可·波罗的游记，从书中得到巨大的鼓舞和启示，这激起了他们对于东方的向往和冒险远游的热情。例如著名的葡萄牙航海家亨利、意大利航海家哥伦布，都津津有味地看过《马可·波罗行纪》这部书。出生于纺织工人家庭的哥伦布（约1451—1506），少年时最爱看《马可·波罗行纪》，他非常钦慕中国、印度的文明和富有，而游记中所载日本"据有黄金，其数无限"及"宫廷房室地铺金砖，以代石板"，更是让他向往至极。正是商人和贵族的这种"黄金渴望"，驱使哥伦布这样的航海家立志东游。在他们的心目中，中国和日本是遍地黄金的国度。1492年，哥伦布在西班牙国王的资助下，率领约百名水手横渡大西洋，到达了美洲的古巴和海地等岛。在这以后，他又接连三次出航，到达了中美洲和南美洲的东北角。哥伦布认为他所到的地方就是亚洲的海滨诸岛，以为墨西哥就是《马可·波罗行纪》中的"行在"（杭州），又把古巴岛当作日本，并登岸四处寻找黄金。哥伦布本来要去的地方是富庶的东方，而结果却相反，无意中到了美洲。因此可以这样说，哥伦布是在马可·波罗及其游记的影响下，开辟了由欧洲通向美洲的新航线。

马可·波罗的东游和他的著作，是中国和西方之间，特别是中意两国人民在中古时代友好往来的生动体现。1971年，意大利驻联合国代表芬奇在欢迎中国代表团参加马可·波罗东游700周年纪念活动的友好讲话中，特别谈到了马可·波罗的中国之行"对于中意两国历史具有十分特殊的重要性"，并指出那一次旅行取得了一个主要的结果——"向西方展现了迷人的中国文明。"

马可·波罗的游记，自1477年第一个印本——德文译本出版之后，陆续被翻译成多语种出版。近几十年，在西方语言中又增添了不少新译的本子，再加上东方一些国家的译本，现在达到 100 余种了。我国从清朝末年以来，也先后根据 4 个不同的本子将其翻译成了中文。像《马可·波罗行纪》如此广泛流传世界的中世纪著作，是为数极少的。所以这部著作已列入世界文献的宝库中，不断再版。

本书撰写的目的是要详述马可·波罗的生平，试图告诉读者为什么马可·波罗这样的大旅行家偏偏会产生在意大利，而不会产生在其他国度；意大利和中国的文化在世界历史文化长河中占据什么位置；这两个伟大的国家的文化联系为什么会对后世产生这么巨大的影响。也就是说，本书想要说明马可·波罗代表什么样的文化背景，他所访问的国度——元朝时的中国又具有怎样的悠久文化背景；这两种文化背景在古代是怎样进行联系、碰撞和融合的，以及它们的融合对现代和未来具有何种重要的意义。当然，本书不是严格的历史理论著作，书中有个别人物是虚构的，个别情节与历史稍有出入。

之所以马可·波罗的名字现在还常常被各国的政治家、思想家和学者提起，《马可·波罗行纪》至今仍是世界各国有志之士百读不厌的优秀读物，是因为东方文化对西方仍具有谜一般的吸引力。东方文化对许多西方人来说始终是个不解的谜，而许多东方人至今仍用简单化、概念化的方式理解西方，可是我们无法忽视一个事实：西方文化已经渗透到我们生活的各个方面（包括衣、食、住、行）。西方文明和东方文明存在差异，但不应是对立的。当今世界，文明相处之道就是文明的平等对话、交流互鉴和包容共存。有人预言 21 世纪将是太平洋和东亚的世纪，这个地区的经济和文化在 21 世纪将会繁荣发达，居于世界领先地位。而这个地区正是东方文明的发生、发展和繁荣的地区。随着东方经济的崛起和中国的强大，人们会更加怀念和尊敬中古西方的大旅行家马可·波罗，他第一次让西方人了解东方文明的伟大，实现了西方文明和东方文明的交流。古人也和今人一样，头脑中存在许多偏见。中古信仰基督教的意大利人把东方蒙古人都视作不开化的野蛮人，而中国人也把西方人称作"夷狄"。马可·波罗的旅行经历说明这些看法都是错误的。

马可·波罗的性格魅力——冒险精神，勇于进取，不怕牺牲，热爱生活，乐于助人，宽宏大量——永远感染着世人。他是一个商人，却能为东西方的交流作出如此巨大的贡献，这与中国古代保守的"重农轻商"思想截然不同。他甘愿背井离乡，把20余年的美好光阴用在为东方人服务上，而这些东方人与他素不相识、非亲非故，这种"天下一家"的精神难道不值得今天的我们学习吗？新时代，我国坚定不移扩大对外开放，重温这位西方大旅行家的故事，会使我们获得很多的启示。我国历史上的汉、唐、元时期之所以强大无比，正是因为当时奉行对外开放的国策，各类卓越不凡的异邦人士纷纷来到中华大地上，将自己的聪明才智奉献给中国，中华文化才不断吐故纳新，国家才日益繁荣昌盛。

马可·波罗不仅是一位勇敢的探险家，更是连接东西方文明的桥梁。

历史上的著名人物总有个被人们逐渐认识的过程。由于马可·波罗在他的书中所记述的地理、风物、史事超出了当时欧洲人的常识，因此欧洲人曾怀疑它的真实性。但是渐渐地，当人们有了较高的认识水准时，他们意识到这本书是马可·波罗留给他们的瑰宝。19世纪末到 20 世纪初，一些探险家重新带了现代化装备，探索和调查了中部亚洲，他们把实际情况和马可·波罗的书进行对照，发现这本书的记载十分准确，因而惊叹不已。直到今日，人们还反复阅读这本书。从最初的手稿出现时开始，它经历的时间越长，引起的地理学家、历史学家、人类学家、哲学家，甚至广大读者的兴趣就越浓。

第
一
章

童年时代

冒险家的童年

马可·波罗从小就是一个十分懂事的孩子。他知晓世事比同龄的孩子要早，这主要是因为父亲尼哥罗在他出生前就同叔父马窦出门航海去了，且一去就是十余年不归。小马可与母亲相依为命。不幸的是，母亲身体很弱，常常生病，据说是一种因焦虑不安引起的神经系统疾病。父亲离家后，寄回家的钱不多，难以维系一家人的生活，母亲不得不遣散家中所有的仆人，自己操持家中的一切家务。小马可与母亲住的是一幢古老的大房子，共有三层，房间很多，光打扫一次就得大半天。母亲很累，身体一天不如一天。每当母亲向上帝祈祷时，小马可也跪在一旁，祈祷爸爸和叔叔旅途平安、早日归来，祈祷母亲的病早日康复。

小马可还是一个十分活泼好动的孩子。他常常来到门口的运河，坐在凤尾船（一种黑色小木船，名叫"贡多拉"）上，手持长竹竿，与其他孩子玩将对方击下水的游戏。

凤尾船是威尼斯的特产。威尼斯居民出门都得乘坐凤尾船，就像我们骑自行车一样。因为威尼斯是一个由100多个大小岛屿组成的城

马可·波罗像

市，数以百计的桥梁把它们连成一片，素有"水上都市"之称。运河流淌在鳞次栉比的大小建筑群之间，水上交通四通八达。对威尼斯居民来说，运河就是马路。

小马可为了帮助母亲维持生计，会做一些搬运货物的工作。他每天划着凤尾船，把附近商店的货物送到顾客家里。当时的威尼斯是一座繁荣富庶的城市，商业十分发达，小马可每逢出海的大船进港，便主动划着凤尾船，把海员送回家，赚点钱财。小马可一边划船，一边向海员们打听一些海外的见闻。因此，他从小对威尼斯以外的世界有较多的认识。

威尼斯当时是意大利北部最为强盛和繁荣的城市共和国。13 世纪到 15 世纪期间，威尼斯曾拥有约 3000 艘商船和 17000 余名水手。它的商业活动西达西班牙、葡萄牙、法国、英国、荷兰等，东达埃及、叙利亚和爱琴海各岛。威尼斯的毛织物、丝织品、玻璃器具和珠宝等，不仅畅销欧洲，而且在东方也有广大的市场。因此，威尼斯曾经被称为"亚得里亚海沿岸各国的首都"，威尼斯商人曾经是东西方贸易往来的主要中介人。16 世纪末，英国著名剧作家莎士比亚创作了名剧《威尼斯商人》，威尼斯商人在中世纪商业中的地位由此可见一斑。

小马可有时爬到这座城市的一个高岗上，俯览全城，映入他眼帘的是一幅令人惊叹的画卷。除了那些连接各岛的一座座桥梁外，还有许多用石头砌成的雄伟瑰丽的宫殿式建筑。宽阔的圣·马可广场和宏伟的圣·马可大教堂，更是将这个城市衬托得极其壮观。市内有一座建于 1180 年的木桥——里亚托桥（1592 年改建为石桥），马可·波罗的家就在这座大桥附近。

小马可有时也到雄伟的威尼斯议会大厦前玩耍，大厦前的广场上有美丽的喷水池，一群群鸽子在水池旁飞来飞去。广场上还有许多美丽的大理石雕像，如爱神维纳斯和战神阿波罗等。中世纪的威尼斯是城市共和国，国家的最高权力机构是大议会，最高统治者叫总督。总督是由大议会选举产生的，而大议会的议员又是从有钱的商人中选举出来的。马可·波罗的家族中有几个富商曾当选过议员。

小马可划着凤尾船到港口接送的人还有威尼斯派出的驻各国的使节、传教士和间谍。这些人经常返回威尼斯，向本国政府提供详细情报，报告其所在的那个国家发生的一切重大事件。小马可常常听这些人的谈话，他们谈得最多的是关于十字军东征的事情。

年幼的马可对十字军的事虽然一知半解，但他听大人说，威尼斯人支持的十字军所建立的拉丁帝国瓦解了，对威尼斯来说是个重大损失。

十字军东征

十字军东征与马可·波罗一家人有着密不可分的关系。十字军是声讨阿拉伯伊斯兰国家的基督教军队。之所以小马可的父亲尼哥罗·波罗和叔父马窦·波罗迟迟不归，是因为他们负有十字军的领袖罗马教皇的秘密使命：代表基督教世界的教皇联合亚洲的蒙古人，从东西两方面夹击阿拉伯伊斯兰国家，特别是要击溃埃及的军队。尼哥罗兄弟两人受命长途跋涉到中亚细亚去朝见蒙古的大汗，密商联兵的大计。

当时威尼斯在外国做生意的商人，都负有搜集各种情报、带信给异邦君主、与异邦军政要人谈判等秘密使命。这些使命都是绝对保密的，肩负使命之人不得向家人透露只言片语，因此马可·波罗的母亲只知道父亲出门做生意去了，并不知道他多年不归的真正原因。

十字军东征早在 11 世纪末期就开始了。十字军是由西欧国家组织的，代表基督教世界的利益，其精神领袖和鼓动者是罗马教皇，参加者是法国、意大利和德国西部的封建主，还有希腊的拜占庭帝国。西欧地中海沿岸城市，特别是意大利北部的城市国家威尼斯和热那亚，则企图从阿拉伯商人手中夺取地中海地区的贸易优势，因而表示愿意为东征提供后勤支援。

1096 年秋，法国、意大利和德国西部封建主组成的十字军分四路出发，于 1097 年春在君士坦丁堡会合，向小亚细亚出发，征讨当地的穆斯林，主要目的是夺回被伊斯兰国家占领的圣地耶路撒冷。

公元 7 世纪初，伊斯兰教的出现，是世界历史上的一个重要转折点。阿拉伯伊斯兰国家不断对外扩张，震惊了基督教世界。7、8 世纪，阿拉伯人统一了从比利牛斯山脉到信德（今巴基斯坦辖地）、从摩洛哥到中亚的地区。中东的阿拉伯半岛、波斯、北非和西班牙都落到了信仰伊斯兰教的阿拉伯人手里。

于是，从 11 世纪末期起，基督教国家组织十字军反击伊斯兰国家。这时，统一的阿拉伯帝国早已衰落，而继起的塞尔柱突厥人也分裂成了若干小邦，基本丧失防御能力。十字军抵达叙利亚海岸，进入巴勒斯坦，相继攻占尼西亚、埃德萨、安条克等重要城市及其周围地区，1099 年 7 月又攻陷耶路撒冷，随即建立耶路撒冷王国。在其前后，十字军还建立了埃德萨伯国、安条克公国和的黎波里伯国，所以第一次十字军东征对于基督教世界来说是成功的。十字军在占领耶路撒冷后，还先后攻占了托尔托萨、阿克、的黎波里、贝鲁特、西顿等地中海港口城市。

在十字军征服地中海东岸这些地区和城市的过程中，威尼斯、热那亚、比萨与马赛等西欧城市起了重要作用。例如，1097—1098 年，当从拜占庭帝国出发沿陆路推进的十字军骑士在围攻安条克陷入困境时，威尼斯、热那亚等城市的几十艘船舶从西欧满载一大批十字军骑士前往援助。1099 年，热那亚船只又将大量粮食、酒以及建造围城塔的木材，运送给围攻耶路撒冷的十字军。在十字军进攻的黎波里、贝鲁特、西顿、阿克等港口城市时，威尼斯和热那亚的船队还直接参加了战斗。

因此，在西欧十字军瓜分战利品时，参与东征的西欧城市便作为独立势力获得自己单独的份额，通常是取得其中有利于发展东西方贸易的部分。1101 年，热那亚人和耶路撒冷国王鲍尔温签订了一项协定，规定热那亚在每个由于它的援助而占领的港口城市里，有权获得一个居住区和 1/3 的其他战利品。接着，威尼斯和比萨等城市也与十字军首领签订了类似协定。因此，随着叙利亚、黎巴嫩和巴勒斯坦一带的港口城市被十字军占领，西欧城市在地中海东岸地区获得的商业据点迅速增多。如热那亚因援助耶路撒冷国王攻占的黎波里，在安条克、耶路撒冷和的黎波里各获得一个居住区；比萨由于援助了耶路撒冷国王，在雅法获得一个居住区；威尼斯因为同样的理由得到泰尔的 1/3 区域，威尼斯总督特地派一名文官管理民政，一名武官负责军事；马赛也因此在耶路撒冷和泰尔各获得一个居住区。这些西欧城市不仅在自己的占领区垄断贸易，而且在附近郊区经营农场，使用奴隶劳动种植棉花、甘蔗、扁桃等可获厚利的经济作物。

由此可见，威尼斯、热那亚和比萨等西欧城市乘十字军东征之机大发战争财。他们曾供应了军需品，因而获得了大量战争胜利果实和海外殖民地，也得到了海上贸易的控制权。可以说，威尼斯等城市正是在十字军东征的背景下兴起的。它们唯恐这场战争不再进行，千方百计挑起战争，并积极参与。这场战争持续了近两百年，威尼斯等城市从中不知捞到了多少好处。

当时威尼斯人一面与阿拉伯人作战，一面与其联手做生意。中国的丝绸、印度尼西亚群岛的香料和印度的棉布由阿拉伯人用船运到埃及，威尼斯人再从亚历山大港将货物运往欧洲销售。

但继第一次十字军东征胜利后的数次东征的结果都不佳。

第二次十字军东征发生在1147—1149年，由法国国王路易七世与德意志国王康拉德三世亲自率领。但法德两国互相猜疑，旋以失败告终。

12世纪下半叶，埃及出现了一个英明的领袖萨拉丁。他率军在1187年夺回了耶路撒冷，给予十字军致命的打击。

1189—1192年，西欧又组成十字军，由法国国王腓力二世、德意志国王腓特烈一世和英国国王理查一世分别率领，进行第三次东征。但是，他们之间亦矛盾重重，在萨拉丁的有力反击下，除重新攻占阿克外，一无所获。最后，英国国王理查一世只是与萨拉丁缔结了一些条约，准许基督教徒三年内可以去耶路撒冷朝圣和经商。

第二次和第三次十字军东征，虽然没有获得胜利，但是意大利北部的城市共和国利用十字军与拜占庭帝国及伊斯兰国家的矛盾，进一步扩大了自己在地中海东部沿岸地区的贸易权益。例如，在第二次十字军东征期间，威尼斯通过帮助拜占庭帝国对抗与法国十字军结盟的西西里王国，从拜占庭帝国获得了许多新的通商特权，如威尼斯人有权在帝国港埠设立代理店和营业所，进出口货物免税、不受海关检查，有权久居君士坦丁堡，等等。第三次十字军东征前后，威尼斯运送援兵和粮食给巴勒斯坦的十字军，出售武器给埃及的萨拉丁，并通过这些扩张与埃及进行贸易。后来，热那亚和比萨也在埃及亚历山大和达米埃塔建立了商站。

12 至 13 世纪之交，威尼斯利用几次十字军东征，在叙利亚、巴勒斯坦和埃及中介贸易中占有牢固的有利地位，国力达到高峰。可与此同时，威尼斯商人从拜占庭皇帝手中获得的商业特权，实际上破坏了拜占庭的经济基础。他们获准在拜占庭全国各地免交一切捐税，因而拜占庭国库失去了主要的税收来源。威尼斯人的富裕和拜占庭人的贫穷之间的悬殊差别，导致 1183 年拜占庭首都发生暴动。许多威尼斯人在暴动中被杀死，财产也被掠夺。

于是，威尼斯利用其对十字军东征的巨大影响力，将 1202—1204 年十字军骑士第四次东征的进攻目标，由原定的埃及改为拜占庭帝国。

1202 年的秋天，十字军聚集在威尼斯。依照威尼斯贵族的期望，十字军向希腊进发，趁着拜占庭皇室内乱，包围君士坦丁堡，并且于 1204 年 4 月将它攻占，大肆搜掠，极尽破坏之能事。这种举动，大大毁坏了十字军的名誉。十字军本是为了夺回圣地耶路撒冷这一目标而招募的，这次却是基督徒的同室操戈，纯粹是为了扩大贸易权益。虽然拜占庭帝国后来得到一定恢复，但从此国力大不如前，在 1453 年被土耳其人彻底灭亡，此是后话，暂且不表。

第四次十字军东征，是为那些渴望取得地中海、黑海霸权的威尼斯人所支持的，可以说是威尼斯幕后主导的对外侵略行动。拜占庭被占领后，其贵族逃到小亚细亚，以尼西亚为首都，建立尼西亚帝国。

获胜的拉丁人在拜占庭帝国的废墟上建立起他们的封建制国家。

画作《十字军进入君士坦丁堡》，法国画家德拉克洛瓦1840年绘

他们在君士坦丁堡建立了一个拉丁帝国。威尼斯取得了这次战争的战利品的 3/4，被征服地区的 3/8，君士坦丁堡的 1/4，还兼并了许多位于通往地中海东部道路上的、具有战略意义的岛屿和港口。威尼斯总督成了拉丁帝国的真正主宰，霸占了君士坦丁堡及海峡地带的海权和通商权，他定下了许多苛刻的规定，例如热那亚和比萨的商人经过这里，都要缴纳高额的税金，而威尼斯的贸易商却享有免税的特权。拉丁帝国的贸易，几乎全被威尼斯人包办了。因此，在拉丁帝国存在的 1204 到 1261 年之间，威尼斯的商业达到鼎盛。而马可·波罗生于约 1254 年，正值威尼斯发展的黄金时代。

拉丁帝国持续了将近 60 年，威尼斯的通商特权也维持了这么久。

可是 1261 年，威尼斯的宿敌热那亚城市共和国与尼西亚帝国合作，夺取了君士坦丁堡，拉丁皇帝和威尼斯殖民者被迫逃离这座古都。拜占庭帝国恢复统治，同时也夺回了威尼斯商人所独占的通商特权。从此以后，黑海、小亚细亚以及波斯等地，都成了热那亚商人的地盘。所以，拉丁帝国的瓦解对威尼斯来说是重大的损失。

而且信奉伊斯兰教的势力也没有被击退。虽然教皇又组织了十字军骑士东征，但已成强弩之末，很快便失败了。1244 年，耶路撒冷又被伊斯兰国家夺去，十字军的据点只剩下叙利亚海岸的要塞阿克城了。于是，罗马教皇英诺森四世于 1245 年在里昂举行大会，决定派人前往东方搜集有关蒙古的情报。当时教皇有一个隐秘不宣的意图：组织"蒙古十字军"，与基督教十字军从东西两面共同夹击阿拉伯世界。罗马教廷认为，如果战斗力很强的蒙古人也信奉伊斯兰教，与阿拉伯世界联成一体，那将是糟糕的局面。于是，罗马教廷采取"远交近攻"的策略。

因此，马可·波罗的父亲尼哥罗和叔父马窦到东方去朝见蒙古大汗时很可能负有罗马教皇的秘密使命，或许他们也是为了维护威尼斯的商业利益，才尽力参与罗马教皇的计划。

十字军东征与马可·波罗一家的东行实在有着十分密切的联系。马可·波罗年纪小的时候，对这些事可能不知情，但后来随同父亲出使中国时，心里一定有了底。

幼年丧母之苦

有一天，马可·波罗正和伙伴们在做游戏，忽然听见姑父唤他的声音。他跟随姑父回到家里，只见母亲躺在床上。马可·波罗看见母亲病得很重，她的手放在被子上一动不动，双眼闭着，面色苍白憔悴。

母亲见他来了，努力从枕头上抬起头来，环顾四周。马可立刻明白了。放在床边的油漆大柜上，有一个小小的波斯舞女玉雕，在这小玉雕下，压着一封折叠的信。他从玉雕下面抽出信，转身回到床边。

母亲吩咐他快念信。马可·波罗从小上学念书，认识拉丁文，于是他大声念道："我最亲爱的妻，这封信是要让你知道我很好。当你接到这封信时，我将比那些远离亲人和故乡的人走得更远，到他们任何人都未曾去过的地方了……前天，我们通过炽热灼人的浩瀚沙漠，最后才来到现在这个城市。这个城市好像全是由喷泉和金顶宫阙修造成的。"

马可看着他的母亲，她在聆听时闭上了眼睛。他非常熟悉这封信，所以不需要看信，就凭记忆往下背诵："我知道你思念我，如同我经常想念你并祈祷你平安一样。我们的孩子现在应该已经抱在你手上了吧。奇怪的是，我还不知道是男是女。我只要能够，就会回家和你在一起，但威尼斯人生来就注定要远游……"

马可突然停下来，他不再听到母亲的轻微喘息声了，母亲的手沉重地垂放在他的手里。他怀着突然而至的恐惧，捏压着母亲的手，但是没有反应。他一直拼命忍着，眼泪却止不住地夺眶而出。他向母亲绝望地呼喊着，而且向她保证，他永远也不会像他父亲那样把她一个人扔下，只要她跟他说话就行。但他无法使母亲听到他的声音了。

他唯一的真正同伴，他梦想的制造者和分享者，已经悄然离去了。

第二章

031—046

幸遇名师

成吉思汗

　　母亲死后，马可·波罗成了孤苦无依的人。父亲还是没有音信，人们都说尼哥罗兄弟一定客死他乡了。姑父和姑母负责照应他的生活。他们带着自己的三个女儿都搬到马可家里来住。姑母把马可母亲的床单被褥和日常用品烧的烧，扔的扔，这令马可十分伤心。

　　姑父是生意人，店里生意很忙，一个人照顾不过来，就要马可帮忙送货。有一天，姑父带着马可在圣·马可广场忙着招呼顾客。这里是著名的国际市场，马可奔跑个不停，用肩膀扛着沉重的货物送到主顾家里去。

　　忽然，马可的好朋友吉里奥跑来，招呼他到广场一侧的人群聚集地去，听一群刚从海外回来的水手们谈天说地，他们见到的新奇事可多呢！

　　马可把要送的货物扔到主顾怀里，就随吉里奥消失在人群中了。他们很快跑到那一群水手跟前，这时已经有许多人聚在那儿听他们津津有味地讲述。水手们坐在大货包和木桶上，相互传送着酒瓶，一边喝酒，一边讲故事。一个相貌难看却神情愉快的老水手说："我最远到过波斯的大不里士，我看见过蒙古人。"听众一听到蒙古人，都谈虎色变，一个个都露出恐惧的神情。"他们成千上万，马比人要多一倍，每人都有两匹马。"

一个头发更灰白的老水手接着说："蒙古人的头领叫成吉思汗，他想要征服的是全世界，他想要征服上帝所创造的每一个生灵。他以排山倒海之势横扫波斯、匈牙利、波兰、日耳曼，眼看他就要到这里来了！"

"主啊！保佑我们免受野蛮人蹂躏吧！"一个妇人喊道。

"多亏主保佑！因为正当成吉思汗转向南方朝我们杀来时，他就死了。所有的蒙古人，都掉转马头回到他们原来的地方，去推选新的首领。他要是没死……"灰白头发的老水手停顿了一会儿，加重了说话的语气，"他现在可能已经到达这儿了，肯定就像闪电一样快。他

成吉思汗金币（上海博物馆藏）

会首先到威尼斯、罗马、那不勒斯，然后法兰西、西班牙、英格兰，都要一一陷落。他所向无敌，就会有一场可怕的大屠杀……"

这时，马可走到这位老水手跟前，询问他在波斯有没有看见他的父亲尼哥罗·波罗。这个老水手回答，他从来没有遇见过，因为他在波斯待的时间不长，他建议马可向旁边一个铁匠打扮的人打听，这个人曾经在蒙古人的统治区域生活过。

马可转身向这位铁匠施礼，向他打听蒙古人的情况。原来，这个铁匠的家在达尔马希亚，位于亚得里亚海东岸。成吉思汗的远征军曾经推进到他的家乡。铁匠告诉马可说，蒙古人是很残忍的，如果抵抗他们，他们就要把所有的人都斩尽杀绝——男女老幼一个不留。

马可听了这番话，既惊讶，又担忧。他惊讶外面世界如此广大，有这么多的野蛮人，行为如此凶暴，令人迷惑不解；同时又为自己的父亲和叔父的命运担忧，他们独闯虎穴，恐怕凶多吉少，说不定早已被蒙古人杀掉了，或被扣留起来了。

马可记得小时候读过一本书——《苦儿千里寻母记》。这本书描写一个苦孩子，不畏千辛万苦，跋山涉水，步行数千里，终于找到了失散多年的生母，母子得以团圆，享受天伦之乐。马可暗暗下定决心，他要以这个苦儿为榜样，远涉万里到亚洲去，寻找父亲的下落。可是若要只身到亚洲去，首先要弄清楚亚洲的历史概况，于是他跑去请教学校的历史老师安东尼。

匈奴——上帝之鞭

安东尼老师住在一个阁楼上，房间里堆满了书籍，其中不但有希腊文和拉丁文的书籍，而且有汉字的书籍和埃及的纸草书。马可曾在安东尼任教的学校里读书，安东尼教授拉丁文和历史。马可深知安东尼是威尼斯很有学问的人，对他十分敬仰。马可很聪明，成绩很好，深得安东尼老师喜爱。

安东尼曾在课堂上告诉学生，地中海沿岸是古代文明的发源地之一。继爱琴文明之后兴起的是希腊文化，是古典（希腊、罗马）文化中主要的也是最有成就的部分。希腊的城市雅典、科林斯等和威尼斯一样，是城邦国家，在海外占有殖民地，制造货币，经济十分繁荣发达。希腊人创造了不朽的古代文化，修建了巍峨的帕提侬神庙（祭祀希腊神话中的智慧女神雅典娜）和宏伟的剧场，上演埃斯库罗斯、索福克勒斯和欧里庇得斯的悲剧。希腊还给后世留下了精美的雕塑，产生过哲学家苏格拉底、柏拉图，思想家亚里士多德。

可是上述地中海沿岸的文明都衰落消失了，这都是遭到野蛮民族入侵的结果。蛮族的文明程度远远比文明地区的要低，但他们凶猛好斗；而住在文明地区的居民长期养尊处优，变得懦弱了，因而抵抗不了蛮族的侵入。在蛮族铁蹄的蹂躏下，一个个古代文明地区都衰亡了。

安东尼老师的课讲得很生动，在年幼的马可心中留下了深刻的印象。马可听了安东尼老师的讲述后，对古代文明十分向往，而对蹂躏文化的蛮族十分愤恨。

有一天，安东尼老师指着课堂上挂着的一幅地中海地图，对学生们说："同学们，请看这幅地图，意大利半岛是伸入地中海的一只长靴子，因而吸收了地中海的一切文明的精华。意大利是上帝独钟之地，荟萃了上古地中海所有的文化成果，创造了伟大的古罗马文明。古罗马有着辉煌历史，产生过恺撒、屋大维这样负有盛名的统帅，也产生过声誉卓著的政治家和演说家。罗马军队在世界各地打仗，征服了希腊人、高卢人、伊比利亚人和布匿人，使地中海变成了罗马帝国的内海。可是，后来罗马人无力阻止来自高卢、西班牙和非洲的游牧民族，也就是法兰克人、勃艮第人、西哥特人和汪达尔人长期的大规模入侵。这些入侵者文化程度远低于罗马人，但比罗马人更勇敢善战。罗马在游牧民族入侵中灭亡了。而摧毁罗马的游牧民族主要是来自亚洲的比上述游牧民族更野蛮的匈人，罗马人称其首领阿提拉为'上帝之鞭'。匈人是最凶猛的草原骑兵，他们打败了东哥特人和西哥特人，驱使西哥特人大批渡过多瑙河涌入罗马帝国，西哥特人于410年首次攻下和洗劫了罗马城。匈人也两次侵入罗马本土，一次是450年，匈人与罗马人在高卢决战；另一次是452年，匈人首领阿提拉领兵直接入侵意大利。当时我们威尼斯还只是亚得里亚海滨的一个海湾的礁滩，罗马帝国境内的亚基列和巴威亚等城镇的居民为了逃避匈人，跑到我们这片礁滩煮盐为生，后来又经营东西方海上贸易，威尼斯就是这样兴盛起来的。"

安东尼老师的话深深印在了小马可的脑海，过了多年之后，马可仍清楚地记得。

光辉灿烂的古典文明在来自亚洲草原的游牧民族的打击下彻底消亡了，欧洲进入黑暗的中世纪时代。可如今在古典文明的废墟上，又产生了威尼斯、热那亚等新兴的繁荣城市，欧洲文明又显露出曙光。欧洲文明的曙光又会在蒙古骑兵的铁蹄下熄灭吗？

小马可带着种种百思不解的问题，走进安东尼老师居住的阁楼，向他求教。

派使者游说蒙古人

马可·波罗走进安东尼老师的房间时，看见他正在专心致志地查看世界地图。马可·波罗唤道："老师好！"

"哦，小马可，你来了，近来好吗？你爸爸有消息吗？"安东尼老师热情地说。

"哦，爸爸音信全无。老师，听说蒙古人要打来了，有人说蒙古人骁勇善战且凶暴，将毁灭基督教文明。老师，你说信奉基督教的西欧会重蹈当年罗马人的覆辙吗？"

安东尼老师沉思了一会，答道："今天的世界比古代复杂得多，我们与蒙古人之间还隔着一个伊斯兰世界呢。我们要巧妙地应对这变化万端的世界局势，保护我们的基督教文明。反击阿拉伯人和塞尔柱突厥人的入侵耗费了我们过多的精力，我们抽不出手来对付亚洲人。最好能说服蒙古人信奉基督教，与我们结盟。这种想法是可以实现的。今天的蒙古人不同于古代的匈人。蒙古人在亚洲有许多事情要做，西夏和金已被他们灭掉了，可宋朝位于长江以南，人口众多，地形复杂，文化繁盛，兵器进步，这块硬骨头够他们啃的了。即使他们灭掉了宋，还需渡海攻打日本呢。他们难以分兵来进攻欧洲了。他们的第三次西征也只打到巴格达和大马士革为止，被埃及挡回去了。我们最好的策略是派使者到蒙古人那儿去，与他们建立友好的关系。"

"老师，我愿做一名这样的和平使者，到亚洲去说服蒙古人的皇帝不要进攻基督教世界。"马可·波罗表示决心说。

安东尼老师打量了一下他，点头说："很好！有志不在年高。想不到你小小年纪，就有这么大的志向。男子汉大丈夫志在四方，威尼斯人是不愿老死在家乡的。不过，到中国去，路途遥远，不是轻而易举的事。得有个周密的准备才行，你必须熟悉亚洲的地理、历史、风俗。最近几天你常到我这里来吧，我给你上几堂课，使你具备去中国旅行的初步知识。"

马可·波罗见老师赞许他的想法，十分高兴。随后几天，他每天都到安东尼老师家去，学习亚洲的地理和历史。

亚洲约翰王的传说

马可·波罗在安东尼老师那里听了几天课后,对欧洲和亚洲局势有一个初步的了解,对蒙古这个民族也有一个基本的认识。安东尼老师鼓励他多学点知识,为日后到中国去做好准备,特别是要学会希腊文、蒙古文、土耳其文和波斯文。安东尼老师还借了一些这方面的书籍给他看。马可·波罗十分勤奋,他白天在姑父的店里帮忙,晚上挑灯夜读,数月之内,知识长进了不少。通过读书,他不但熟谙欧亚地理,还把外国地名记得滚瓜烂熟,外文单词也记了不少。他天资聪颖,在学校念书时,拉丁文就学得很好,现在学外邦文字,也得心应手。

安东尼老师见他学业很有进步,心中暗自高兴。有一天,马可·波罗来到安东尼老师处借书看,安东尼老师告诫他说:"小马可,你这人聪明伶俐,今后事业必定有成。世上无难事,只怕有心人。你有远大的抱负,决心出使中国,做一名和平使者,这样的志向很好。时代和机遇等待着你这样的人大显身手。但是,要实现自己的理想,单凭一点小聪明还是不够的,最要紧的是应该有坚强的意志、百折不挠的精神和吃苦耐劳的本领。我向你讲过的迦尔宾和卢布鲁克两位方济各会会士，就具有一般人所不具备的毅力、勇气和智慧。他们最初加入方济各会时，就立誓坚守清贫，在修道院中过着刻苦自励的生活。他们在方济各会修道院中已饱经锻炼，表现出色，所以教皇才从许多抢着报名的会士中挑选出他们，担负出使蒙古这个十分艰巨、危险的任务。他们的出使任务完成得很好，是你们后继者的开路先锋。你应以他们为榜样，加强意志和品格的磨炼。"

马可·波罗听从了老师的教诲，从此以后特别注意磨炼自己的毅力，每天早晨出门跑步，冬天跳入河中游泳。除此之外，他还常常扶危济困，帮助他人。

有一天，他问安东尼老师："老师，我有一个问题在心中始终得不到解答，可以问你吗？"

安东尼老师欣然应允："当然可以。"

马可·波罗问："既然蒙古人和穆斯林都是野蛮人，我们西方文明世界，为什么偏偏要联合蒙古人，打击穆斯林呢？"

安东尼老师笑了笑："两害相权取其轻嘛，蒙古人和穆斯林都危害过基督教世界，但就危害程度而言，蒙古人的危害究竟要轻一些，时间也短得多。他们的地理位置离我们较远，不比穆斯林天天与我们争夺土地和资源，直接威胁基督教世界的生存。要让一个穆斯林改奉基督教，比骆驼穿针孔还难。但要蒙古人相信上帝、接受洗礼并不是挺难的事情，听说蒙古大汗贵由、蒙哥都接受过洗礼。事实上，目前的中亚、蒙古和宋朝，有很多人信奉景教，尤其是在蒙古高原的乃蛮、克烈、畏兀儿等部族中，景教徒更是到处可见。克烈部的王族全都是景教教徒。景教虽被教廷视为异端，但终究是基督教的一个派别（唐代称其为"聂斯脱利派"）。

马可·波罗说："老师，我从小听老人说，亚洲中央有一个基督教王国，其国王叫'约翰长老'，这是真的吗？"

安东尼老师说："这只是一种传说，很难判定真伪。这可能是东方景教徒的一种臆想，也可能是蒙古高原的克烈部族信奉基督教的消息，在欧洲产生了所谓'约翰王'的传说。"

安东尼老师进一步解释说：100多年来，欧洲人中盛传东方有一富饶强大的统治者、基督教徒权威领袖约翰，并且传言此长老约翰曾在1165年致书神圣罗马帝国皇帝和罗马教皇，这也许是被穆斯林围困的基督教世界四处寻求解救的心理反映。

安东尼老师查考史料，发现最早把这个传说的亚洲征服者的消息带到欧洲的是叙利亚的主教战巴剌。他在1145年向教皇的报告里说：不久以前，一个居住在世界东方极远之地的人，名为约翰，是一位国王，也是基督教的聂斯脱利派（景教）教徒。他曾带领一支强大的军队，与东方各伊斯兰国家大战，并打败了这些伊斯兰国家，要夺回耶路撒冷。但他的军队为底格里斯河所阻，接着他因病而退。安东尼老师推测说，战巴剌所说的约翰王可能指的是西辽国王耶律大石。耶律大石原是辽国的节度使，辽国被金国灭亡后，他在西域建立西辽国，征服了许多伊斯兰国家，成为中亚最强盛的国家。1141年，耶律大石进军撒马尔罕，与塞尔柱帝国苏丹所率的十万大军大战。耶律大石分兵三路进击，塞尔柱帝国苏丹大败，伏尸数十里。花剌子模亦向耶律大石称臣纳贡。这次战争离战巴剌写报告只有几年，他很可能把耶律大石附会成约翰王了。

安东尼老师还说，他查阅了迦尔宾和卢布鲁克写的报告，发现这两位修道士出使蒙古期间，都曾对约翰王的传说进行了调查，但两个人的调查结果不一。西欧甚至还有一种说法把约翰王同成吉思汗联系起来。这都是人们的猜测和臆想，说明他们希望在有着众多穆斯林的东方出现一个强大的基督教盟友，来支援他们收复圣地的战争。

安东尼老师作总结说："亚洲约翰王是东方和西方基督教徒的口头传说中的人物，每个力量强大、兴兵与伊斯兰国家作战的东方君主都是亚洲约翰王的原型，这包括耶律大石、成吉思汗、旭烈兀等等。每个与西欧基督教世界友好的亚洲统治者，不管他是贵由、蒙哥或是忽必烈，都可能成为西方人心目中的约翰王。"他随即鼓励马可·波罗说："孩子，到东方去吧，去当一名和平友好的使者吧，你应大力促进东西方的相互了解，促进东方产生更多的约翰王，以满足西方基督教徒的心愿！"

马可·波罗说："老师，我理解你的意思了，约翰王无所不在，他活在千百万基督教徒的心里。东方的王侯将相人人都可能成为约翰王，人人都是约翰王，只要他们愿意与西方交好就行。我一定到东方去，为西方人寻找约翰王，培养造就更多的约翰王。"

"鞑靼的和平"

有一天，马可·波罗在工作之余到安东尼老师家里小坐。安东尼老师请他品尝来自东方的茶，欣赏中国产的丝绸和瓷器，培养他对东方文化的感情。安东尼老师还说汉字是一种奇妙的文字，它原来是一种象形文字，但数千年来，它一直被中国人使用着，因此形成了一种独特的系统；它没有字母，每个字都不同，但中国人只要记熟几千个常用字，就可用它表达各种意思，写作各种体裁的文学作品。汉字保证了中国文明数千年没有间断。中国人用汉字创作了不少诗歌，读起来朗朗上口，如耶律楚材随成吉思汗西征至西域河中府（今撒马尔罕）时，写了十首诗，描述该城蒙受战祸后的惨状，其中一首有云："寂寞河中府，声名昔日闻。城隍连畎亩，市井半丘坟。"（《西域河中十咏·其九》）

安东尼老师是当时为数不多的深谙东方文化的西方学者，在他的培养下，年轻的马可·波罗对中国文化产生了浓厚的兴趣，他要去中国的决心更坚定了。

他常常思念父亲，问安东尼老师："老师，你说我父亲会回来吗？"

安东尼老师答道："会回来的。孩子，你放心，我估计你的父亲一定会平安归来。以往东方各封建主互相攻伐，道路上很不安宁，还层层设卡，阻挠客商。现在不同了，东西方的商路出现了前所未有的太平景象。这叫作'鞑靼的和平'。"

"为什么叫作'鞑靼的和平'呢？"马可·波罗问道。

"这是西欧学者创造出来的一个词，"安东尼老师说，"根据这个词的含义，这种和平是由蒙古人利用军事和强权所创造出来的和平，是存在于被征服者之间的一种和平。只要是蒙古骑兵能用武力加以平定而派兵驻屯，大汗的法令所及的地区，就有'鞑靼的和平'。"

"哦，我懂了，"马可·波罗接着说，"蒙古人用武力征服了这么多地区，坏事也可以变成好事，东西方商路反而更加畅通，西方人去东方也比过去更安全了。看来，家父一定生命无虞，他的归来也指日可待。"

"是的，"安东尼老师回答说，"蒙古帝国的兴起，使陆上贸易发生了一场大变革。它是历史上少有的横跨欧亚大陆帝国，从波罗的海到太平洋、从西伯利亚到波斯湾的交通由一个强有力的政权机构管理，任何人不敢占地为王，阻挡客商和传教士。正因为有这种优越的交通条件，迦尔宾和卢布鲁克这些手无寸铁的修道士才可以顺利地通行于黑海、西亚及和林的草原地带。"

马可·波罗听了，对外面的世界更好奇了，恨不得自己有一双翅膀，展翅高飞，到亚洲的繁华地带去看一看。

安东尼老师还详细说明了蒙古完善的驿站制度：在从蒙古首都至其国内各地的交通要道上，设有诸多驿站，远至高丽、中亚地带，也有类似的驿站。驿站内有极为华丽的旅馆，并且备有很多马匹以供行人驱驰。自古以来都没有这样的规模，也不像这样完备。

当时从伏尔加河流域的萨莱（钦察汗国首都所在地）一直到大都，有一条正式的驿路，只要持有蒙古汗国发的牌子，就可以在这条路上往来。据走过这条路的商人说，无论白天还是黑夜，在这条路上行走，是绝对安全的。当时蒙古汗国掌有无上的权力，连那些作奸犯科之徒，或小偷盗贼也不敢轻举妄动了。社会治安良好，几乎达到了路不拾遗、夜不闭户的程度。有些西欧商人从顿河河口的塔那出发，沿历史上的丝绸之路走到中国甘州，没有遇到任何阻碍。

"小马可，"安东尼老师再度鼓励他说，"大胆地出门吧，跨出国门你会感到和待在家里一样安全。"

元代八思巴文虎符圆牌（甘肃省博物馆藏）

元代宣慰使司都元帅府夜行铜牌
（扬州博物馆藏）

父子相见不相识

爸爸回来了

每天早晨，马可·波罗都走到海边瞭望。在海的那边，还有一个世界，一个巨大辽阔，和天空一样广阔无垠的世界。

他抓紧一切空余时间，修理一只船。修船就像打开通向广大世界的大门。船，就是离开威尼斯的钥匙。

有一天，马可划着一条凤尾船，到码头上去迎接一艘从海外归来的大船。

大船停靠码头后，船员迅速放下了绳梯。商人们鱼贯而行地上了岸。

每次一听说码头有船停靠，马可都要到码头来，打听父亲和叔叔的消息。

这次和往常一样，欢迎的人群渐渐地散去，马可心里充满了凄楚的滋味。

忽然，迎面走来两个穿着亚洲式长袍的男子。

"你这条船能把我们两人送回家吗？我们多给钱……"

马可因这突如其来的问话而愣住了。他上下打量着这两个人。

只见他们都满脸长着大胡子，穿着一身马可很少见的亚洲式服装。唯有他们的眼睛是那么亲切而明亮。

"哈哈哈……你干吗这么瞪着两眼看我们，我们可是土生土长的威尼斯人。因为我们很早以前离开了威尼斯，一直待在远在东方的亚洲，今天刚回来，所以才这身打扮啊。"

"这两个人会不会是——"马可心里嘀咕着。

于是，马可又重新打量起他们来。

"你干吗还看着我们呀？我们的脸有那么奇怪吗？哈哈哈……足足有十多年没有回来了。"

马可终于忍不住向他们打听起来。

"那么，你们是波罗家的人吗？"

"是啊，我叫尼哥罗·波罗……"那个高个子一边看着马可，一边报了姓名。

"我是他的亲兄弟马窦·波罗……哎呀！你瞧！这小子长得多像波罗家的人啊。"那个仔细瞧着马可的小个子，回头对高个子说。

"爸爸，叔叔！我就是马可·波罗呀！"

马可高兴得哭了起来。

"孩子，我们离开威尼斯的时候，你还未出世呢！如今一晃十多年过去了……你都长这么大了，啊！真叫人高兴。"高个子张开臂膀，把马可抱在怀里。

"好极了！哥，一回到威尼斯就碰上这么个好小子，真是太好了。"小个子拍着父子俩的肩膀，高兴得叫了起来。

就这样，1269 年夏天，马可的父亲尼哥罗·波罗和叔叔马窦·波罗，回到了阔别十多年的故乡威尼斯。

大汗的特使

当天晚上，波罗家灯火通明，笑语飞扬，沉浸在欢乐之中。

马可的姑妈流着眼泪对尼哥罗和马窦说："你们要是早一点回来该多好啊！这样也许能和马可妈妈见上一面……唉！不说这些伤心话了。今天还是早点休息吧。往后，有的是时间，把你们那些关于亚洲国家的有趣事情，好好给大家念叨念叨。尽早消除旅途疲劳要紧，不然，身体会累垮的……"

第二天早上，从码头运回来的许多货包和大箱子，把家里堆得满满的。尼哥罗打开其中一个放在顶上的大箱子，里面堆着一匹匹漂亮的丝绸、精美的棉布、精致透明的薄纱。

"这是我给我那可怜的妻子准备的，"尼哥罗说，"但是……我要你们收下。"他对马可的姑妈和姑父说。

马可的姑父在威尼斯经商数十年，从来没有见过这么多精美的丝织品。马可的姑妈和他的三个女儿看着这一堆物品，惊讶极了。

"这些东西从哪儿来的？"马可问。

"波斯和中国。"父亲告诉他。

"中国？"马可露出惊疑之色。

马可好奇地凝视着父亲。中国？他们真的到过那里吗？真有这个地方吗？

马窦已从另一个箱子里拿出一个鹿皮口袋。他解开拉绳，袋里的东西就像瀑布一样倾泻到桌上：红宝石、绿宝石、金刚石、黄玉和紫水晶……当这些宝石滚落在暗色的桌上时，闪闪发光。全家人都挤在桌前，啧啧赞叹。马窦咯咯地笑着说："你们每人拿一颗，随便选。每一块宝石都值一大笔威尼斯金币。"众人犹豫不定。"不要担心，我们还有很多。"他劝说大家。

尼哥罗有好多事要问儿子。他问及马可的生活、爱好和学习，问及安东尼老师。"你的母亲，"他最后问，"她对你谈到过我吗？"

"每天都要谈到，她病了很长一段时间。她总是希望收到您的信。"

尼哥罗嗫嚅着说："我不是一个爱写信的人。"他又提高声音说："听到你母亲的死讯，我十分遗憾，她是一个好女人。"

"你们见过蒙古女人吗？"马可问父亲。

"见过。"父亲答道。

"你们走了多远？有多少里路？"马可又问道。

"很难用里来计算。但是我们花了三年时间才到达那儿，回来时用的时间就更多了。"

"到了哪儿？"

"大汗的宫廷。"

"成吉思汗吗？"

"不，不是的，"马窦说，"成吉思汗已经死了，是他的孙子，忽必烈。他是大汗，他的人民比威尼斯的跳蚤还要多——数以千百万计。"他一面说，一面搔着身上，把马可逗笑了。"他统治着大部分中国，整个波斯，还有一部分印度地区。"

"神父告诉我们说，在那块黑暗的国土上，没有人生存，"马可说，"只有野兽和恶魔。"

"既然他们从未到过那里，他们怎么会知道呢？"

马可微笑着说："多少年前我就梦想着去像中国那样的地方。但是，它实际上是怎样的呢？"

"一个像其他国家一样的国家，"马窦说，"只是比你和其他人所能想象的要更大，更富强。"

"母亲说，你们到那里发了财。"

"我们确实发了财，"父亲耸了耸肩，"但我们把大部分财富都留在那里了。"

马窦点点头，"因为大汗知道，我们是会回去的。然而，即使一半的财富都在路上被盗了，我们回来也并没有两手空空。"

"马可，我们并不是像外表这样微贱，"父亲解释说，"我们是以单纯的商人身份离开的，但我们是作为大汗的特使回来的。好吧，让我把旅途经过向你细说吧。"

波罗兄弟长途旅行

马可·波罗的祖父名叫安得利亚·波罗。安得利亚·波罗有三个儿子。大儿子也叫马可·波罗，我们姑且叫他老马可·波罗吧，他是马可·波罗的伯父。第二个儿子名叫尼哥罗·波罗，他就是马可·波罗的父亲。三儿子名叫马窦·波罗。这兄弟三人都很会做生意。老马可·波罗外出经商的时间较早。他在地中海与黑海之间的君士坦丁堡和黑海北部的克里米亚半岛上的苏达克等地都开设了商店，而且把妻子儿女也带到了苏达克，在那里定居下来。

约1254年，马可·波罗即将出生，尼哥罗·波罗和马窦·波罗兄弟二人，就出门做生意去了。他们在地中海沿岸做转手生意，赚了不少钱。1260年，他们自备了一艘商船，满载着各种货物，平安地驶达君士坦丁堡。因为早在1204年西欧封建领主在拜占庭帝国境内成立了一个拉丁帝国，以君士坦丁堡为首都，威尼斯人从中获得许多地盘，垄断了当地的贸易权，于是波罗兄弟就到那儿去做生意。谁知风云突变，他们来到君士坦丁堡的第二年，热那亚商人和尼西亚帝国皇帝合作，夺取了君士坦丁堡，大肆驱赶威尼斯商人。波罗兄弟不得不离开君士坦丁堡，乘船渡过黑海，到达克里米亚半岛南端的苏达克，在大哥家里住了一段时间，并帮助大哥做生意。不久，他们又辞别大哥一家，带着货物，骑马北行，到达位于伏尔加河畔的萨莱，那正是钦察汗国别儿哥汗的宫廷所在地。别儿哥汗是成吉思汗的孙子。波罗兄弟的钦察汗国之行说明他们负有罗马教廷的秘密使命。

波罗兄弟向别儿哥汗献上了珠宝，而别儿哥汗赏赐他们两倍于献礼的宝物。

波罗兄弟在钦察汗国逗留了一年。这时钦察汗国与伊儿汗国之间发生了一场大战。这是蒙古皇族的兄弟之争，为了争夺对高加索地区的统治权。由于别儿哥汗在这场战争中失败了，钦察汗国内部陷入混乱。波罗兄弟在当地待不下去了，准备赶快回国。但是，当时通往君士坦丁堡的路已被伊儿汗国所控制，从钦察汗国出去的商旅都有可能被当作俘虏抓起来，路上很危险，只有往东走的路还比较安全。有人建议他们沿着钦察汗国的边界，朝东边的方向前行。那儿有一条人迹罕至的山间小道，可以直达君士坦丁堡，这是一条迂回曲折的路线。

波罗兄弟骑着骆驼，离开钦察汗国，先到北方的保加利亚，再从一个叫奥卡卡的城镇渡过伏尔加河，经过里海与咸海之间的沙漠，但见黄沙茫茫，荒无人烟，整整走了17天才看到一些畜皮帐篷和放牧的牛、羊、马群，但仍不见城镇和村庄；又走了一个多月，才到达一座极为富庶的大城市。这个城市叫布哈拉，是当时亚洲中部的一个大城市。波罗兄弟就在此城住下了，但下一步怎么办？是继续往东走呢，还是往西南寻找一条安全的路回去呢？他们却拿不定主意。

他们不敢离开这座城市的原因有两个：首先，当时拜占庭帝国已经复兴，黑海海峡的霸权落在热那亚人手中，这两位威尼斯商人怕被扣重税，因此不愿回君士坦丁堡去。其次，布哈拉在察合台汗国境内，他们到达布哈拉时正值忽必烈和阿里不哥争夺大汗之位，察合台汗国内分别支持忽必烈和阿里不哥的两派势力之间的斗争十分激烈，加上窝阔台的孙子海都也乘机在中亚争夺地盘，使察合台汗国战火正炽。战乱使波罗兄弟不敢贸然离开这座大城。

波罗兄弟在布哈拉滞留了三年（1262—1264），靠经商为生。

1264 年，忽必烈封察合台的曾孙八剌为察合台汗国的君主，局势稍微稳定一些。波罗兄弟打算整装西归时，却发生了一件意外的事。

这时碰巧有一个伊儿汗国国王旭烈兀派遣的使臣奉命去朝见忽必烈大汗，在路过布哈拉时见到了这两个威尼斯商人，感到十分惊奇，因为他还没有看到过来自欧洲的人。在双方的交谈中，使臣知道这两位威尼斯商人正处在进退两难的境地。于是，这位使臣便对尼哥罗·波罗和马窦·波罗说："两位先生，你们如果愿意相信我的话，就一定会享尽荣华富贵。"

波罗兄弟两人听了，顿时心花怒放，立即表示："你尽管说吧，我们愿意听从你的指示。"

使臣说："据我所知，东方富饶美丽的蒙古汗国共同拥戴的忽必烈大汗，还从来没有见过拉丁人，他是乐于见到你们的。两位先生如果愿意同我一起到他那里去，他见到了你们，一定会非常高兴，并且也一定会特别优待你们的。同时，你们随同我一路走的话，沿途也绝对不会遇到任何困难和危险。"

波罗兄弟两人听了这位使臣的一番话，高兴极了。他们又想起了教皇交给他们的秘密使命，到蒙古去觐见大汗，是实现这项使命的最佳机会，便满口答应同使臣一道去。

于是，尼哥罗·波罗和马窦·波罗随即收拾行装，跟随使臣，骑马上路，先向北，再往东北，整整走了一年时间，于1265年到达上都。

与忽必烈大汗相约

波罗兄弟来到上都后，很快被领去觐见忽必烈大汗。在雄伟壮观的走廊里，铺着厚厚的地毯。他们被领到深处的一间大殿，只见忽必烈坐在高坛的一把铺着垫子的椅子上。他们急忙跪倒在忽必烈大汗的跟前，双手献上银器和五彩的玻璃器皿作为见面礼。

"谢谢你们，欢迎你们远道而来，你们大概都很疲劳了，好好休息一下，然后把欧洲的奇闻讲给我听听。来呀，好好款待波罗兄弟。"忽必烈大汗长着一双漂亮、修长的眼睛，他慈祥地看着波罗兄弟，并对侍候在旁的侍臣说。

于是，波罗兄弟被安置在宫殿里的一间屋子里。屋子的中央有一张桌子，桌上摆着水果、肉、酒等。

"哥哥，没有一个欧洲人会相信东方有这么一个美好的国家吧？"

"是的，特别是雄伟壮丽的宫殿，都比欧洲的要美丽、大方得多，实在令人惊叹不已啊！"

由于桌上摆的尽是些他们从来没有见过的羊羹美酒，且旅途疲乏，他们便狼吞虎咽地吃了起来。

饭后，他们舒舒服服地洗了个澡，换上一身宽大的衣服。于是，疲劳顿消，人也变得轻松起来。当晚，波罗兄弟又甜甜地睡了一觉。

此后，他们经常被邀请去忽必烈的大殿谈话。忽必烈向他们提出一连串的问题。例如：欧洲国家的政治制度如何？欧洲国家的皇帝怎样处理国家大事？怎样打官司、断案子？怎样打仗？除了这些问题外，他还向他们了解有关基督教会、罗马教皇以及欧洲人的风俗习惯等方面的情况。

尼哥罗·波罗和马窦·波罗以土耳其语或蒙古语作答。他们两人本是威尼斯商人，很早就学会了波斯语；而留在布哈拉的时候，又学会了土耳其语和蒙古语。

他们告诉忽必烈大汗："在欧洲，不论哪个地方都有教会，可以说，欧洲的文化就是由基督教传播发展起来的。""基督教徒中没有坏人，因为每个教徒都在心里起誓不做坏事。"

忽必烈可汗认真听着波罗兄弟的话。他时而点头赞同，时而闭上眼睛陷入沉思。

不一会儿，他睁开眼。

"基督教真的那么好吗？我母亲信奉基督教，她确实是个可亲的人。"忽必烈可汗两眼紧盯着波罗兄弟，恳切地说："尼哥罗和马窦，我想借你们的力量做一件事，不知你们肯不肯帮忙。"

"只要是我们兄弟能办到的，我们一定效劳！"尼哥罗和马窦两人满口答应。

"我想从贵国邀请100名精通基督教教义、熟悉七艺（修辞、逻辑、文法、数学、几何、天文、音乐等七种学识修养）的学者到中国来讲学，以发展我国的文化事业。你们拿我的信到罗马教皇那里，把我的意思告诉他，行吗？"忽必烈郑重其事地说。

"是，我们一定把陛下的信送到。"尼哥罗答道。

"我们一定努力请来学者，并取来长明灯的灯油。"马窦答道。

就这样，尼哥罗和马窦摇身一变成为忽必烈的特任使节。

"波罗兄弟！为了你们在路上的安全，我决定派我的同族、蒙古帝国的贵族和你们同去，另外，你们把我的通行牌带去，凡是有蒙古人的地方，看了这个通行牌就会为你们准备路上所需要的任何东西。"

于是，忽必烈大汗把一个金色的长方形通行牌交给波罗兄弟。

通行牌，长30厘米，宽7.8厘米，正面刻着文字，上边有个拴绳子的小孔。因为这个东西太重要了，所以要用绳子把它紧紧地拴在身上。

"感谢您为我们想得这么周到。我们作为您的使者，一定请罗马教皇派来优秀的学者。"

"陛下，我们一定说到做到，绝不食言。"

波罗兄弟庄严地向忽必烈大汗承诺。

忽必烈为什么热心于基督教

忽必烈 1260 年在开平府称汗，后一直与南宋作战，他所接触的多是汉人和蒙古人。他一生从未获得远征西方的机会，为什么会对信基督教的西方人如此重视呢？这是有缘故的。

忽必烈是拖雷的儿子，蒙哥的弟弟。当他还在漠北闲居时，就注意学习前代帝王事迹，特别赞赏唐太宗统一天下、治理国家的功绩。唐太宗是个具有雄才大略、主张对外开放的君主。忽必烈以唐太宗为榜样，广泛招揽人才，在他周围集中了一大批不同民族出身的将领、术士和策士，如汉人刘秉忠、姚枢、许衡、窦默、郝经等，蒙古人兀良合台、霸突鲁，蒙古汪古部汪德臣、汪良臣、汪惟正，畏兀尔人布鲁海牙、廉希宪父子，回回人赛典赤·赡思丁，契丹人耶律铸等。所以他对西方信奉基督教的人士也同样重用。波罗兄弟一来到汗廷，忽必烈就任命他们为特使。他用人的标准是德才兼备，而不注重种族、民族和出身。他推行的各项进步政策，如恢复农业生产、屯田积粮等，都出于他周围不同民族的杰出人士的计谋。

忽必烈和唐太宗一样，是坚持改革与开放的君主。蒙古贵族在征服过程中，长期推行肆意屠杀与掠夺的政策，给社会生产带来很大损失，造成社会发展的停滞和倒退。忽必烈改变他的父兄的统治方式，以"汉法"治"汉地"，采取了招抚流亡、禁止妄杀、屯田积粮、整顿财政等一系列措施。他设立"劝农官""劝农司"，并要求各级官吏"劝诱百姓，开垦田土，种植桑枣，不得擅兴不急之役，妨夺农时"。他十分注意屯田积粮，组织军士敌至则战，敌退则耕。他还设立交钞提举司，印发纸钞，从而控制了全国的财政。忽必烈的改革政策收到了很大的成效，使中原地区的生产得到恢复，政权得到巩固。而他推行的这些进步改革措施是他虚心学习汉人统治经验的结果。西方基督教人士来到他的宫廷里，他同样热心地探询和请教。他对于西方基督教国家的皇帝、王储、诸侯、领主等的政治军事状况，教会的作风，

元代汪世显家族墓出土莲花形玻璃托盏
（甘肃省博物馆藏）

元代三彩陶罐
（陕西历史博物馆藏）

以及拉丁人的风俗习惯等都很感兴趣。

忽必烈对西方的情况并不陌生，他十分关心小亚细亚、地中海和西欧的情况。蒙古汗国和伊儿汗国之间经常有联络，使者往来频繁。忽必烈常常通过伊儿汗国而得知西方的情报，像波罗兄弟这种可以提供西方情报的人，自然会受到他的欢迎。

虽然忽必烈争得了帝位，但也不得不注意四周情势的演变，以巩固他的统治地位。当时蒙古皇族中还有一些人觊觎他的皇帝宝座。他的竞争对手是窝阔台的孙子海都。窝阔台死后，其子贵由被推为大汗。贵由在位三年而卒，本应由窝阔台的孙子继位，但拖雷的儿子蒙哥兵力最强，又得到拔都的支持，因而继位为大汗。蒙哥死后，海都不满忽必烈的自立，因而占领窝阔台原来的封地，自称中亚大汗，割据自雄。忽必烈一生都为海都所扰。中亚和小亚细亚接壤，所以忽必烈十分关心小亚细亚和地中海的情况。

建立伊儿汗国的旭烈兀一直与其兄忽必烈维持着很友好的关系，旭烈兀的后裔，也保持着同样的态度。对于海都的作乱，伊儿汗国一直站在蒙古汗国的立场，坚守着阿姆河一带，防备海都与察合台汗国的入侵。

忽必烈很想帮助旭烈兀征服整个西亚。旭烈兀于1259年进攻叙利亚，但是敌不过埃及的马穆鲁克而功亏一篑，这是忽必烈极为遗憾的事。伊儿汗国也想与西方国家联手合攻马穆鲁克。忽必烈急着要与西方的基督教世界联络，也许是为了促成伊儿汗国与西方的合作。

忽必烈为什么要罗马教皇派100名精通教义、熟悉七艺的学者到蒙古汗国来呢？这事的缘起是波罗兄弟曾劝忽必烈改信基督教。

波罗兄弟为什么要劝忽必烈改信基督教？理由很简单，一定是受了罗马教皇的嘱托。但是忽必烈并没有立刻答应，反而向教皇要求派100位学者来，这是忽必烈棋高一招之处。忽必烈想利用基督教的势力，来压制境内的佛教、伊斯兰教和道教的力量，也就是想制衡朝廷的儒教官员、佛僧、穆斯林等，因此他要求这100名学者必须具备七艺。

从这些迹象看来，忽必烈想要与罗马教皇接触，并非他真的想信奉基督教，而是因为政治上的需要。

元景教尖拱四翼天使石刻
（泉州海外交通史博物馆藏）

元景教八思巴文墓碑石
（泉州海外交通史博物馆藏）

波罗兄弟回到祖国

当波罗兄弟带着忽必烈的信件回国时，忽必烈派了一些使臣同行。这一行人在 1266 年骑马出发。没过多久，同行的蒙古使臣多数都病倒了，无法继续前行。波罗兄弟只好让这些使臣留下来治病，兄弟俩继续西行。

他们走了三年，才到达地中海。全赖忽必烈赐予的通行牌，他们才一路通行无阻，也没有碰到什么危险。

他们于 1269 年 4 月到达地中海东岸的阿克港。在这里，听说教皇克莱孟四世（1265—1268 年在位）已经死了。他们只好先到罗马教廷派驻当地的专使梯博那里去。梯博听他们说明来意后，既惊奇又欣喜，认为这是对基督教的传播非常有利的一件大事，当即表示愿意接受忽必烈的请求。可是，这件事他最终做不了主，必须由教皇决定。于是，梯博便对波罗兄弟二人说："先生们，现在教皇已经死了。你们必须等待。到有了新教皇之后，才能够完成你们的使命。"波罗兄弟心想，既然如此，那就只好等待吧。

可是，到底要等到何时才能见到新教皇呢？可没个准头。既然如此，波罗兄弟商量，还不如趁此机会先回家一趟。掐指一算，离家都十多年了，家乡怎么样了？特别是尼哥罗·波罗在此时此刻想家想得厉害。他多么想回去看看自己离别多年的结发妻子，还想看看自己走后才出生的孩子，他到底长多高了？是不是也会做生意挣钱了呢？主意拿定，他们便对梯博说："在等新教皇即位之前，我们准备先回威尼斯一趟。"梯博说："好吧，祝你们一路平安！"

于是，他们从阿克出发，先从陆路向北，再辗转到了希腊，从希腊坐船回到了威尼斯。在路上他们遭了劫，被抢去一半财产，到家后，才知道家里有了很大的变故。尼哥罗·波罗的妻子早已去世了。他的儿子已经长大，刚见面时彼此都不相识了。这真是"少小离家老大回，乡音无改鬓毛衰。儿童相见不相识，笑问客从何处来。"

马可·波罗请求父亲带他去中国

马可·波罗听了父亲和叔叔讲述的旅行经历，知道了有关地中海东部国家、中亚地区国家以及遥远的东方蒙古帝国的许多事情，就更加迫切地想要到这些奇异的地方去游历了，甚至晚上睡觉做梦还梦见自己到了那些国家。他恳求父亲说："妈妈在世时常说：威尼斯的男子汉不但个个都勇敢健壮，而且会做买卖……小孩长大以后都远涉重洋，去遥远的地方赚大钱。我也要像爸爸、叔叔一样，做一个精明的商人……所以，这次爸爸和叔叔再出门，一定把我也带去吧。"

尼哥罗见马可的话说得合情合理，心里很高兴，但又考虑到他年纪还小，也许忍受不了旅途的艰苦，所以没有马上答应他的请求。

"孩子，"尼哥罗说，"到亚洲去的路程很远，要走几年才能到达。途中的生活太苦，有很多危险，这种长途贩运的经商真是玩命呀！有很多人的尸骨被抛在千万里之外的地方。我只有你这一个儿子，我不忍心让你跟着我到海外去玩命，这样做对不起你死去的妈妈。你在威尼斯有的是事情可做，你现在可以帮姑父照料铺子，长大了可以独立开业，照样可以赚大钱。总而言之，我这辈子漂泊在远方，吃苦吃够了，我希望你一生比我过得安定和幸福些。"

"我不怕吃苦，"马可说，"妈妈死了，你在外杳无音信，我没有依靠，从小就是苦孩子，我不怕吃苦，也不怕危险。我现在已经找到了你，你到哪儿，我就到哪儿。我要到那些伟大的国家去，亲眼看看那里奇妙的风土人情。"

但尼哥罗总认为他年纪太小，想法很幼稚，对外面的世界抱着浪漫的幻想，轻易带他出门，会惹出许多麻烦。

"你的想法是不错的，"尼哥罗说，"但你需要在家踏踏实实做多年的准备，才有资格出海当乘风破浪的水手。眼下你可以好好在家生活。你不想做商人，可以当学者、律师、教士……随便什么工作，只要你认为合适就行。我赚的钱已够你用一辈子了，你何必还要像我这样爬山越岭、远渡重洋呢？"

马可继续拉着他的胳膊苦苦哀求："您难道还不明白我的心思？……我一直都梦想着和您在一起。我过去不知道您在哪儿，怎样生活，都在干什么。人家对我说您已经不在人世了，我不肯相信他们的话。我一直坚信您会来接我的。这回千万别把我丢下了，我求求您！"

尼哥罗低下头来，屹然不动地站在那儿，他好不容易才说出下面不得不说出的话。"马可……"他开始说，"自从你母亲死后，你就是一个人孤零零的。我懂你的心思，这几年你受了不少苦，这不是你的错，这是我的错。哪家的父母不心疼自己的孩子？我也舍不得离开你。你母亲去世了，留下我们父子两人相依为命。好吧，这事过几天再说，今天我急着要到元老院去谒见威尼斯总督。"

威尼斯元老院的辩论

威尼斯元老院的议事大厅，主席台上坐着威尼斯总督伦若·梯埃波罗，他右边坐着上了年纪的大主教。一排排座位上坐满了身份高贵的元老。波罗兄弟站在发言席上发言，汇报他们的旅行经过，今天兄弟二人的服饰十分讲究，显露出富埒王侯的大商人风度。但当他们谈到威尼斯应当与中国建立友好关系时，大主教的脸上浮现出轻蔑和怀疑之色，插话说："友好——和野蛮人能结成友好关系吗？"

"成吉思汗的时代早就过去了，主教大人，"尼哥罗有礼貌地解释说，"成吉思汗现在的继承人忽必烈，是一个爱好和平的人——有教养、很宽容。"

"但是，他征服的领土比他的祖父更多，"威尼斯总督说，"有三倍之多。"

"这是真的，大人。但是，他现在的唯一愿望就是和其他国家通商并建立友好关系。"

"蒙古是野蛮民族。"大主教哼了一声说。

"然而，在我们回来的路上，正是到达了我们这个所谓的'文明之邦'才遭到抢劫的。"尼哥罗对他们说，"在此之前，我们走了数千里路，反而平安无事。我们没带任何武器，只带了一块金牌护牒。这块金牌，是忽必烈委派我们做特使时发给我们的。"

他从衣服褶层里取出了一块金牌。威尼斯大公从他手里接过金牌，并用手掂量了一下，就不加评论地递给元老们。

"这是金的！"一个元老叫了出来，"纯金的！"

"中国的金子、银子、钻石、宝石、碧琉璃可以堆成高山，珍珠、丝绸、香料、珍贵的毛皮可以填平大海，"尼哥罗介绍说，"总督大人如果能和蒙古大汗达成协议，两三年内，我们就能开辟一条直达蒙古汗国心脏的贸易线。它能源源不断地给我们运来价值极高的贵重货物。我们这个高贵的城市就会成为欧洲的仓库。"

这番话引起了元老们的注意，他们仿佛已看到波罗兄弟这次所带来的价值和财源，兴奋地讨论起来。这时，主教的声音盖过了人们兴致勃勃地议论声："和异教徒进行这种大规模的通商，必然会腐蚀和毒害基督教徒的灵魂。尽量不要提到通商的事吧。在欧洲，许多基督教的国王们，正在号召十字军东征，为的是使这个世界永远免异教的祸害！"

"主教大人，组织十字军征讨蒙古人是不现实的，"马窦严肃地说，"蒙古帝国有亚历山大帝国 4 倍大。它的疆土，西面自罗斯、波斯伸展过来，整个意大利只有它最小的一个省那么大。"

元老们听完一时沉浸在惊骇中，大厅一片寂静。总督打破安静："我们这里不讨论新的十字军问题。但是，波罗兄弟，你

元代纸币（青海省博物馆藏）

们不知道外交上的困难。即使是通商，我也觉得有很多实际困难。至少船只无法航行这么遥远的距离，也无法装运你们所说的那些巨量的金银财宝。"

"但是全中国每天都有大量黄金在进行交换，"尼哥罗回答说，"是用纸币的形式代替。"

"纸币？"

尼哥罗从袋里拿出一些钞票，递给总督。纸币用黄纸制成，上面印有汉字和大汗的大红色御印。有一张钞票传到一个肥胖的元老手上。他怀疑地说："这不是钱币，而是废纸。"他一面说，一面从袋中掏出一枚金币，将金币放在一支点燃的蜡烛上，直到火焰把金币烧成了黑色。他用衣袖很快地擦拭了一下，金币又恢复了光泽。然而，当他拿起一张纸币放在火上去烧时，纸币马上就烧着了，落在地上，变成一片灰烬。他用脚踩在纸灰上，博得了一片轻微的赞扬声。

尼哥罗冷静地蔑视说："祝贺您。您刚才烧掉的纸币价值，等于整整二十两银子。"

这位元老目瞪口呆，惊诧不已。

"我要重申，"大主教说，"神圣教会断然反对和上帝的敌人进行交易。"

"但是忽必烈大汗非常渴望学习和了解更多的关于基督教的知识，主教大人。"尼哥罗这句话引起了一阵骚动。

"他想信仰我们的宗教吗？"大主教问。

"不完全是，大人。他研究过多种宗教，对所有的宗教都很感兴趣。我们的使命不仅是来威尼斯，我们还要谒见教皇。忽必烈大汗要求教皇派 100 名学识渊博的学者跟我们去中国。"

"那不可能，"大主教反驳说，"罗马现在没有教皇了。枢机主教会议已经开了三年了，一直希望选出已故教皇的继承人。"

"你们只好等待，"总督建议说，"我们将利用这段时间研究你们的报告。"

第四章

073—108　　**大戈壁与蒙古包**

乘船出发

尼哥罗兄弟回到家里，忐忑地等待着消息。他们曾多次跑到维特堡打听教皇选出没有，结果都失望而回。枢机主教会议意见有分歧，教皇十分难选。

几天后威尼斯总督秘密接见了波罗兄弟。总督首先请他们不要介意大主教的古板立场。他表态说："威尼斯政府的想法比教会的深远得多。威尼斯有许多商业上的劲敌，要保护威尼斯的商业就需要资金，如果蒙古大汗的和平倡议能给共和国带来财富，威尼斯政府是不能拒绝的。"总督建议他们立即动身回中国去，不必等到新教皇产生。

"请原谅，大人，"尼哥罗犹豫不决地说，"我……我怕忽必烈大汗看到我们没有带回他期望于教皇选派的 100 名学者，他会发怒的，延缓行期……不是更明智吗？"

"不，"总督坚定坦率地说，"阿拉伯人的力量不断增强，欧洲的王公贵族们不同意再组织一支十字军。地中海东部的情势十分危急。在这些地方落入阿拉伯人手中之前，该办的事就得赶紧办。你们马上动身去吧，当和平的使者，联合蒙古人向阿拉伯人施加压力，保护基督教世界的安全。立即去吧，为了威尼斯的荣誉。"

波罗兄弟奉了总督之命，立即修整船只，准备启程。临行前尼哥罗带着马可去拜见了安东尼老师，感谢他多年来对小马可的教育和培养。安东尼老师竭力主张尼哥罗带马可同行，他说道："这个孩子对东方十分迷恋，从小有大志向，能吃苦耐劳，体格强壮，具有旅行家的素质。特别是他聪明伶俐，到中国后，蒙古大汗会喜欢他的。他已学会了波斯语、土耳其语等多种语言，你在路上再教教他蒙古语，日后他在东方与人交流是很方便的。你若把他留在威尼斯，一个人瞎混，反而不好，只会耽误他的前程。"

事情就这么决定了。马可跟随父亲和叔叔登上了去东方的航船，同行的还有马可的朋友吉里奥，尼哥罗挑选他在船上当服务员。

他们乘坐的大船，于 1270 年底离开威尼斯，在蔚蓝的亚得里亚海上乘风破浪地前行。幸运的是海上风浪不大。船日夜行驶着，也常常中途停泊。他们沿着达尔马提亚海岸，航行到了科孚岛，再经过希腊的伯罗奔尼撒，抵达克里特岛和塞浦路斯的法马古斯塔（阿莫霍斯托斯的旧称）。船只在那儿停泊了一个星期，波罗兄弟忙着上岸经商。马可珍惜每一天的每一分每一秒。他特地买了几张羊皮纸记载他们到过的每一处的情况和日期。

横渡大戈壁

马可一行横渡了地中海，穿过了战火中的亚美尼亚，越过了帕米尔高原，历险波斯国，终于来到了罗不城。罗不城是丝绸之路中的一座规模较大的城市，这座城市应是古之楼兰鄯善，唐代名叫纳缚波，元代名叫罗不。

过了罗不城，就是一片大沙漠，即戈壁沙漠。因此，所有准备经过这片沙漠的商旅，一般都在此休息一段时间。一方面可以略事休

《加泰罗尼亚地图集》中关于马可·波罗旅行的部分

息，消除人马疲劳；另一方面又可以在这里置办未来行程所必需的物品。他们的食物和商品，都是用强健的骡子和骆驼驮运。假如这些牲畜在中途丧失了精力，不能继续前进，商旅们就把它们宰杀吃掉。

这片沙漠很大，它最宽阔的地带，骑马需用时一年，才能从这一头走到另一头。即使选择最窄的地带走，穿过它也要一个月。沿途尽是沙山沙谷，没有地方可以找到食物。幸亏每天晚上的宿营地里，还能够找到水，水量虽然不多，倒也足够旅人和随带的牲口饮用。这一带没有野兽出没，因为没有什么食物可以养活它们。

马可在罗不城休整的时候，听到了许多有关旅行者的令人丧胆的故事，但当他真的跨进这片大瀚海时，才觉得那些故事根本算不了什么，没有真实沙漠里惊险和艰苦的万分之一。

刚开始踏进沙漠时，还感觉不出什么大变化，只是肥沃的土地在旅人的眼前消失了。周围是一眼望不到头的荒凉景象——由岩石和黄沙构成的山丘、山脉、平原和峡谷，连绵起伏，一望无际。没有野兽，没有鸟雀，看不见任何有生命的东西。

但如果长久在沙漠中跋涉，危难便接踵而至。旅人首先感到的是无情的酷热，喉咙干燥，直不起腰，不得不伏在马鞍上。沙砾和页岩中石英的反光，使人眼花，什么也看不清。随着太阳的升高，温度上升，他们受到的煎熬更是成倍增加。

日子一天天过去，每一天都比前一天的痛苦更多。灼热的风，吸吮着他们身体中的水分，微细的沙粒就像鞭子一样抽打着他们。全身的皮肤有许多地方被沙子和衣服磨破了，在汗水的浸渍下，出现红肿发炎。虽然夜晚没有白天炎热，但他们不敢在晚上行走，因为害怕迷路。沙漠中骨头堆成的小小金字塔，是最强有力的警告，使旅人意识到，迷了路肯定就会死亡。

东晋时高僧法显曾游历天竺等 30 余国，他在《佛国记》中记叙大瀚海的情况：沙漠中常有恶鬼和热风，遇见的都会死亡，没有一个能保全生命的。沙漠里上无飞鸟，下无走兽，如果迷了路，就糟糕了，极目四望，都是一样的景色。不知走出沙漠的道路在哪里，唯一的标志是死人的枯骨。

《北史·且末传》云："且末西北有流沙数百里，夏日有热风，为行旅之患。风之所至，唯老驼预知之，即嗔而聚立，埋其口鼻于沙中。人每以为候，亦即将毡拥蔽口鼻。其风迅驶，斯须过尽，若不防者，必至危毙。"

以上都是古人对大戈壁的描述。旅人在沙漠中，常常看到海市蜃楼，那些楼台殿阁、绿洲和水面闪光的湖泊，简直和真的一模一样，他们要有很强的自制力，才能阻止自己奔向这些幻景，否则就会迷路。在沙漠中迷路是很容易的，一个人如果掉了队，可能一下子就孤立无援，无论怎样寻找和呼救都将是徒然。

所以，旅人在每匹马和骆驼的脖子上系上铃铛。这样，无论有多大风沙，人们互相都能通过铃声辨别方位，不至于失散。

在沙漠中旅行的时间长了，旅人往往会得一种奇怪的病症，他们会觉得头发懵、耳鸣，那呼呼的风声，在他们听来，倒像是箫笛声呜咽；那被风掀起又跌落下来的沙石落在地面的声音，在他们听来，好似一阵震耳欲聋的锣鼓声。在沙漠中，常常会发生这样的事：走着走着，人会在马上迷迷糊糊地打起盹来，这时，耳边仿佛会听到亲戚、朋友的呼喊声，然后不知从哪里又传来一个声音："快到这里来，这里有绿洲啊！"于是乎，你就会不由自主地离开团队，独自向着远处走去，最后，你就会倒毙在无垠的大沙漠里。发生这种事故的原因是疲劳过度，人们不仅会把风声、落石声听成乐器声、人的呼喊声，而且还能看见所熟识的人的幻影，最后迷失方向，在沙漠里死亡。

马可进入沙漠后，上述沙漠旅行的种种苦楚，他都尝遍了。从进入沙漠的第三周起，他们又遇到了一个新的困难：缺水！原来他们正逢沙漠最缺少水的季节——秋季，主要的水源都干涸了。他们忍受着干渴，牵着疲惫的马匹蹒跚而行。当太阳升到正中时，所有的人都筋疲力尽，支持不住了。马窦双膝跪在地上，就连尼哥罗也走不动了。马可尽量鼓励他们继续前进，但他也只能抓住马肚带，慢慢向前挪移。忽然，他耳边响起了鼓点一样的马蹄声，且声音越来越大。不久，他透过灼热的薄雾，开始辨认出一些令人难以相信的高大的、飘忽不定的、骑着马的人形。他以为是幻觉，但令他大吃一惊的是，这是一支真正的马队，从灼热的薄雾中涌现出来。这看起来有10—12个武士，骑着草原上的烈马，身穿皮衣皮甲，头戴皮帽，手持长矛，肩挎短弓。他们向波罗一家疾驰而来，准备劫夺这一小伙商旅。尼哥罗连忙从怀里拿出忽必烈御赐的通行牌，这些武士一见通行牌，立即滚鞍下马，双膝跪倒。

这些人是海都的巡逻队，他们听说波罗一行的目的后，就立即带领他们，抄捷径走出沙漠，来到一片灌木丛生的草原。他们又走了两天，到达一个蒙古部落头领的宿营地。

蒙古酒宴

宿营地像一座小镇，有许多用黑毛毡搭成的帐篷，到处是马匹和牛羊。头领的圆拱形帐篷坐落在一辆位于宿营地中央的巨型车上，帐篷前插着头领的牦牛尾旗帜。头领贝克特出来迎接他们。他看起来有50多岁，勇武粗野。马可·波罗一行走进贝克特的帐篷，里面的陈设相当华丽。毡墙涂成了白色，墙上挂着镀金的皮制盾牌、象牙弓袋和弧形短剑，还贴着不少彩色图画——画中有骑士、打猎场面、花卉鸟雀等。帐篷里摆着一些雕刻和嵌花的箱子，漂亮精美的丝帐幔隔开了帐篷的那一头。帐幔的后面，放着贝克特的低矮卧榻。

宾主落座。仆人端上菜肴，往客人的杯里斟满了一种白色的马奶酒。这种酒度数很高，用发酵的马奶制成。贝克特致欢迎辞，仔细往地上洒了几滴酒，祭祀地神，然后一饮而尽。

尼哥罗取出一条镶嵌着红宝石的赤金项链，起身送给贝克特。帐篷里响起一片赞扬声。妇女们都伸长脖子，争相观看。贝克特问商队要往什么地方去。尼哥罗回答说，他们要到上都去，并说自己是忽必烈大汗的使臣。贝克特说此地离上都很远，他将派一个卫队护送他们。

蒙古妇女不戴面纱，不包头巾，与男人平起平坐，穿着宽大的纯丝长袍，头发很长，一部分编成辫子，挂着金首饰和珠宝。这些妇女个个都年轻漂亮，大多是贝克特的妻妾。

一个青年女子，皮肤白皙，长着一双蔚蓝色的大眼睛，调皮地笑着，伸过手来抚摸马可的光溜溜的双颊。马可感到很窘，急忙转过头去，顿时，那些蒙古人都放声大笑。原来，蒙古妇女认为男人都是有长胡须的，由于马可没有胡须，妇女们怀疑他是女人，因此有人便好奇来试探他。

陕西榆林横山元代墓葬中的壁画

简短的欢迎仪式结束后，贝克特宣布今天全部落要举行一次隆重喜庆的宴会，以此欢迎从远方来的威尼斯贵客。然后贝克特领着波罗一家去参观部落营地。

宿营地一片热闹的景象。人们正在加紧准备宴会，宰杀了不少绵羊和山羊，剥下皮，放在露天搭建的烤火架上，由孩子们旋转烤肉叉烘烤。妇女们揉着生面团，把揉好的面拍打成一个个圆形的面饼，她们一边工作一边唱歌。男人们有的吹笛子，有的咚咚击鼓，一派节日气象。

贝克特请客人参观骑术表演。马可看到一群青年骑着马向他们飞奔而来。他们一边喊叫，一边挥舞长矛。霎时，他们的马蹄似乎就要踏在人头上了。但在最后的一刻，年轻的骑士们勒住马头，马一下子后蹄直立，前蹄腾空。骑士们飞快掉转马头，向人群为他们闪出的空地疾驰而去。接着又来了一群骑手，他们直立在马背上，转动着头，或者，身体一会儿贴在马的左侧，一会儿又贴在右侧；他们的双脚刚一接触地面，却又腾空而起。他们的骑术表演，真令人眼花缭乱。

当天夜里的宴会，是马可从来未经历过的。他和父亲、叔父一起坐在贝克特和蒙古长老的中间。他们面前摆着大盘的烤牛肉、烤羊肉、水果等，而且一再添满。宴会桌前，一群姑娘翩翩起舞，一些小伙子在翻筋斗、耍刀、耍棒，好不热闹。

蒙古摔跤

贝克特问马可有多大了，马可回答说刚满 21 岁。贝克特问他有没有妻子儿女，马可说还没有娶妻。贝克特听了十分诧异，因为他本人在马可这个年纪，已经有 5 个妻子和 7 个儿子了。

这时传统的蒙古摔跤比赛开始了。一名摔跤选手名叫卡沙尔，是贝克特的第六个儿子。他接连击败了几个对手，可他还站在比赛场上不下来。周围的人都为他鼓掌。贝克特对马可说，卡沙尔是在利用这个机会进行训练，他要练出一身过硬的本领，以便与海都的女儿爱吉阿孥克公主比试。马可问道，他为什么想要和公主比试摔跤呢？贝克特于是详细讲述了海都女儿的故事：

海都是窝阔台第五子哈失的儿子，忽必烈的侄子。他继承了窝阔台汗国的封地，却不服从忽必烈的命令，成为中亚强有力的君主。海都有一个女儿，名字叫爱吉阿孥克，蒙古语的意思就是"明月"。

海都希望她出嫁，但是她婉言谢绝说，除非遇到一个有真本领且能战胜她的男子，否则她永远不嫁人。于是，海都给她立了一个择偶的标准，准许按照她自己的愿望选择配偶。于是，她宣布，凡是愿意和她角力的青年男子，只要能打败她，她就愿意接受其为自己的丈夫。

这项消息一经公布，就吸引了各地的许多青年男子，他们都希望来碰碰运气。这种比武的仪式，非常隆重。国王坐在王宫的大殿上，左右有许多男女侍者站立。公主穿着华丽的、用薄绸缝制的衣服，威风凛凛地走进大殿。这时候，参加比武的青年男子，也穿着薄绸制的华丽衣服进来。根据比武规则，如果有参赛的青年男子能够用力把公主摔倒在地上，就算赢了，就可以娶公主为妻；反之，如果参赛者被公主战胜的话，就要罚送100匹马给公主。目前用这种方式，公主获得了10000匹以上的马。简直没有人能够击败她。但是她希望有一个丈夫，卡沙尔就是她的意中人。他们已经多次见面，彼此相爱。现在只差举行一次摔跤比赛了。如果卡沙尔在这次摔跤中打败了公主，他们的婚姻就成了。双方父母也极力想要促成此事，因此贝克特挑选一批年轻力壮的年轻人，每天陪卡沙尔练习，提高他的摔跤水平，以便到时候能战胜公主。

马可听完这个故事，觉得很有趣味。他调转目光，注视着摔跤场，只见卡沙尔已击败了最后一个对手，现在十分骄傲地站在那里，意气风发，扫视着周围。

马可见无人敢起身向卡沙尔应战，再加上妇女们开玩笑说他的外表缺少男子气概，他不加考虑，昂首挺胸走进场内，准备与卡沙尔一较高低。

开场时，卡沙尔本想猛冲过来，将马可打倒，但他又控制住了自己。因为他觉得这位外国人敢来应战，必定身手不凡，所以必须小心谨慎才是。于是两人在场上绕着圈子，寻找进攻的时机。马可稍一犹豫，卡沙尔立刻扬起一脚，踢中马可臀部。马可一时疼痛，跪伏在地。场下有人惊慌失措，有人叫好喝彩。

几乎就在同时，马可一下子站了起来，恰好避开卡沙尔的突然猛扑。但是，卡沙尔马上又冲了过来。这次马可已有准备，佯装向旁一闪，顺势紧紧抓住卡沙尔的脚，然后竭尽全力一拧。这个动作，加上卡沙尔用力过猛，使卡沙尔来了个"狗抢食"，倒伏在地。场下响起了一片更高的惊讶唏嘘声。

不多久，卡沙尔一跃而起，扑向马可。两人扭打在一起，激烈地交起锋来。他们的双臂互相紧抱住对方的身体，双方都想迫使对方转圈、后退、失去平衡。卡沙尔挣脱出一只手，揪住马可的头发。马可报之以胳膊肘朝上猛顶，紧紧顶住卡沙尔的喉咙，压迫卡沙尔的头向后仰。比赛进入紧张阶段。

卡沙尔开始咳嗽，渐渐感到喘不过气，只得紧紧抓住马可，用劲越来越大。马可觉得这样下去不行，必须设法挣脱卡沙尔，否则将性命难保。于是马可的双脚绊着卡沙尔的双脚，企图将卡沙尔绊倒。但马可还没来得及紧紧绊住，比赛就宣告结束了。马可并不知道卡沙尔的绝招，当他的双脚移动时，就发现自己被凌空抢了起来。卡沙尔用右腿扣住马可的腿，然后将他举起，从肩上摔过去。马可仰面朝天，倒在地上。

这场比赛就这样结束了，虽然马可被打败，但他的勇敢获得了蒙古人的赏识和嘉奖。

海都和他的女儿

次日，远处防守的哨兵，吹起了牦牛号角，向全营地宣告海都的到来。全部落的人们都跑了出来，排在两旁准备迎接贵客。贝克特和卡沙尔及其他儿子、妃子、长老们，还有僧人，全部换上节日的盛装，开始在外面聚集。尼哥罗、马窦和贝克特站在一起，马可站在卡沙尔身旁。

一队全副武装的蒙古骑兵朝向他们策马驰来。海都和他的女儿，骑着高头大马走在最前头。海都身材魁伟，相貌凌厉，是一位杰出的头领。他的后肩披着貂皮斗篷，露出了金漆的护胸甲。爱吉阿弩克公主美貌非凡，身穿精美的白色细毡长袍。她的长发披在后面。两鬓编成辫子，装饰着珍珠。她脚上穿着白色软皮靴，腰间系一根蓝色腰带，胸部也系着一根同样的带子。

海都和爱吉阿弩克在帐篷前面的空地上下了马。马可看到公主身材高大，几乎和卡沙尔以及她的父亲一般高，体格很健壮。尽管她的神情傲慢冷淡，但从她的眼光中，可以看出她与卡沙尔正处在热恋之中。因为她频频对卡沙尔送秋波。她的父亲海都是当时蒙古人中仅次于忽必烈的大人物，但为人顽固、凶残、冷酷，一生和忽必烈时战时和，这段时期处于友好状态，因而对忽必烈的特使也很友好。

欢迎海都的丰盛筵席刚刚吃罢，演武场上就为比赛加紧准备了。卡沙尔和公主的摔跤比赛即将举行。场地的一头插着贝克特的旗标，另一头是海都的旗标。卡沙尔已经站在父亲的旗幡下面。两位首领及其护从，还有僧人等在场地的两端各就各位。部落的贵族、武士和妇女等，也有许多在旁边观看，或蹲或立。

爱吉阿弩克偕同侍女们来到场地的那头，站在海都的旗幡下时，人群活跃起来。公主的长发已全编成辫子，绕成圆形盘在脑后。她披着一件黑色貂皮长斗篷，严肃地站在那里，注视着卡沙尔。

两个侍女解开爱吉阿弩克的斗篷，脱了下来。只见她穿着一条紧腿皮裤，腰间紧系着一根银带。上身穿一件牛皮紧身上衣，用狭长的皮带紧绑在背后，束缚着高低起伏的胸部。

海都举起一根指挥棒，人们的议论声立刻全停止了，只能听到大鼓的缓慢咚咚声。海都的指挥棒放了下来，大鼓的敲击声也随之停止了，全场一片静寂。

卡沙尔和爱吉阿弩克彼此缓慢地相对走了几步，两人都在转圈走着。突然，爱吉阿弩克朝卡沙尔的右侧发动了攻击。不出她所料，他想一把抓住她，她却霍然止步，反而拦腰抱住了他，将他摔倒在地。

公主赢了一次，但这场比赛要把对手摔倒三次，才算赢。

卡沙尔迅速起身。两人又转圈走着，并做着佯攻的动作，想引诱对方上当。后来两人都抓住对方的胳膊，扭成一团，都想把对手扳向后仰或将对方扳倒在一旁。这样相持了很久。最后两人都跌倒在地。

卡沙尔首先跳起，爱吉阿弩克也紧跟着跳起。但卡沙尔快了半秒工夫，他弯下腰去，一把抱住她的双腿，将她仰面朝天摔倒在地。卡沙尔赢了一次。

爱吉阿弩克支撑着自己站起来。她很惊讶自己居然被摔倒了，随即她朝卡沙尔微笑着，表示欣赏。只有他，才可能帮她实现自己的誓言。

爱吉阿弩克刚才摔痛了，露出了一点女性特有的娇态。卡沙尔朝她走去，有点担心的样子。就在这时，她像闪电一般，扬起右腿，直插他的两腿中间，同时迅速侧过身子，将他一拉，就把他摔倒在地，来了个仰面朝天。

二比一，公主多赢一场，下一场的胜负至关重要。

两人又抱成一团。公主的双臂紧扣住卡沙尔的腰，她那肌肉异常发达的双腿叉开站住，使卡沙尔无法摆脱。卡沙尔使出他的绝招，用大腿扣住爱吉阿弩克的大腿，想从臀上将她甩过去。但她的双臂紧紧搂抱着，丝毫也不动弹。当他努力摇撼她时，她凝视着他，脸上露出祈求的神情，期待他将她摔倒在地上。他拼命地使出了全部力量，但她还是纹丝不动。

她几乎绝望了，她不顾一切地想被打败。但是她已经等得太久了，对他的让步已经太多了。她突然声音嘶哑而凶猛地喊叫一声，变换了平衡站立的姿势，将卡沙尔抡了几圈，从肩上把他反扔过去。卡沙尔扑倒在地，摔得半死。

欢呼声再一次响起，但是，马上又恢复了静寂。公主最后赢了，但她的婚事又搁浅了。

卡沙尔躺在地上，怅然若失地凝视着爱吉阿弩克。她低头看着他，眼里充满了泪水。她心爱的人又成了被她击败的对手。她永远也不会再看到他了。

爱吉阿弩克走出摔跤场地，哀伤地独自离去了。众人赶紧将摔伤了的卡沙尔扶起来。从疼痛中缓过来的卡沙尔只带了一个随从，也骑马走了。他准备待在广阔的草原上，直到爱吉阿弩克离开，踏上归途。

在场的蒙古人都落了泪，为这一对热恋的情人惋惜。她爱他，本来可以让他获胜的，但是不能用欺骗来破坏她的誓言。她到最后一刻，也是不肯背叛自己的技艺的。

海都与忽必烈的争端

海都在这片草原停留期间，单独接见了马可一行。

在接见之前，贝克特向这几个威尼斯人详细介绍了海都的情况。

窝阔台汗国是蒙古四大汗国之一，很有实力，兵强马壮，海都是首领。海都曾经和忽必烈发生过频繁的战争。最初，海都趁阿里不哥在和林与忽必烈争夺大汗位时，竭力支持阿里不哥。阿里不哥失败后，海都仍占有窝阔台的封地，积聚力量，图谋自立。忽必烈为了阻止海都势力的扩张，册封八剌为察合台汗国之汗，以争取察合台汗国配合元朝夹击海都。但海都击败了八剌，势力反而伸展到察合台汗国境内。八剌死后，海都于 1272 年立八剌的儿子笃哇为汗。海都与笃哇合兵，不断骚扰忽必烈统治下的西北边境。波罗一行经过窝阔台汗国境内的时间是 1274 年，正值海都势力炽盛之时。

据说海都曾捎口信给忽必烈，要求分得蒙古人占领的金国和南宋的一部分土地。忽必烈说，假如海都能应召出席御前会议，他很乐意划出一部分土地给他。但海都对他的伯父——忽必烈大汗心存疑忌，拒绝接受这个条件。他只愿意在自己的领地里，向大汗称臣纳贡，而不愿意到大汗的宫廷去，因为害怕被他处死。这样一来，海都和忽必烈之间常常发生争端。

海都手下有 10 万骑兵，都是经过良好训练、能征善战的勇士。他身边还有许多人是蒙古汗国的缔造者，属于成吉思汗家族。

海都的军队临战之前，每个士兵必须带 60 支箭，其中 30 支箭头较小，作远距离发射之用。而另外比较大的 30 支箭，带有宽大的叶片，是在逼近敌人的时候使用的，专门射敌人的脸部和手臂。箭全部射完后，将士才使用刀和枪矛进行拼杀。

将士们互相拼杀是十分残酷的，只消 10 多分钟，战场上立刻人仰马翻，伏尸累累。海都领兵作战时，总是身先士卒，带头冲杀。由于他个人的杰出武艺，一再鼓舞士卒的勇气，因此海都一生身经 40 余战，大多数都取得了胜利。

海都在接见马可一行时，首先请他们观赏自己的骏马。海都说，他的战马是伟大的先祖成吉思汗的战马后代，是蒙古人成就的象征之一。蒙古人离开了马，就一事无成。骏马使蒙古拥有大漠南北的广大草原，使蒙古人有征服世界的力量。

马可问道："你们蒙古人靠武力来征服世界，是否太残忍呢？"

海都饶恕马可这样的直言不讳，笑了笑说："你的意思是，我们是野蛮人，而你们西欧人则是文明人，是不是？"

海都抽出宝刀，使刀锋离马可的喉咙只有一寸之遥。马可知道此时最好不要畏缩。海都爽朗地大笑着，随即他停止了这种儿戏的威胁，变得严肃起来。"不错，我们是野蛮人，是流浪者，是游牧民族。我们在沙漠里、丛林里和草原中生活。只要有可以喂饱我们的羊群和牛群的地方，我们就到那儿去。牲口决定我们生活的地点和生活的方式。我们到处漂泊，四海为家，伟大的成吉思汗就这样说过。"他提高了声音，"我伟大的叔父忽必烈却似乎忘记了这点。他要求我们学习繁文缛礼，住在高高的城墙内，过着安逸的生活，要我们放弃草原大漠。这绝对不能！"

马可知道海都话中有话，他是在授意马可做一个非官方的使者，去替他传话，这番话是他打算传到忽必烈那儿去的。"一个真正的蒙古人，是决不应当离开他的马匹的，"海都深思熟虑地说，"这一点忽必烈也忘记了。别害怕对他说。我曾经这样直谏过，他常常听到我的这些话，实在够多了。但是他认为，他需要坐在皇位上才能统治世界——而皇位需要有牢固稳定的基础。好了，我来告诉你们，波罗先生，我们是骑在马背上征服世界的，我们也只有骑在马背上才能统治世界。"马可不置可否地接受了这个使命，尽管他还不明白怎样才能有机会完成这一使命。

海都代表蒙古人中那些守旧的顽固派，他们要在被征服的土地上推行蒙古人的生产生活方式，把文明程度较高的农业地区都变成牧场，人民都变成奴隶。如果他们的主张得逞，亚洲大陆都会倒退为原始的游牧社会。

忽必烈代表蒙古人中的开明改革派，他不仅要做蒙古人的大汗，而且要做全天下的皇帝，他广泛接受被征服地区的进步的治国方法、经济制度和文化，以中原和江南地区的农本经济为基础，强调"以农桑为急务"。这样就使被征服地区的经济得以恢复和发展，而元帝国的国力也得到极大增强。

随着阿里不哥与忽必烈的汗位之争，蒙古四大汗国走向分裂，以忽必烈为代表的蒙古改革人士融入当地人民的生活方式，与当地人民通婚，甚至研究当地较先进的文化，渐渐被当地人民同化，成为具有较高文明的蒙古人后裔。例如，印度半岛的蒙古人后来变成了莫卧儿人，伊儿汗国的蒙古人渐渐信奉伊斯兰教，钦察汗国的蒙古人渐渐成为基督徒，中国的蒙古人逐渐汉化。

以海都为代表的蒙古保守派在被征服的地区无法生根，最后只有退回蒙古草原，继续过那种原始的游牧生活。

蒙古大汗奇异的葬俗

在见到忽必烈以前，马可一家人仔细研究了蒙古人的风俗习惯，以免觐见时失礼。

他们早已知道，成吉思汗驾崩以后，窝阔台继位为最高统治者，第三任大汗是贵由，第四任大汗是蒙哥，第五任是忽必烈。忽必烈统治时期国家的版图比他以前的几个大汗的更加广大而辽阔，国势也更强大。事实上把前四个汗的权势都加起来，也不如忽必烈那样强大。马可一家人甚至认为，即使把世界上的一切基督徒的君主的力量都集中起来，也无法达到蒙古帝国这样雄厚的国力，或者也不能完成像忽必烈那样大的功业。

可汗或汗的称号，等于西方语言中的君主。蒙古人的大汗——无论他是成吉思汗还是他的继任者——死后，按例都应该葬在一座名叫阿尔泰的山上。无论他们死在什么地方，相距多远，也要把他的灵柩运送到阿尔泰山去。这已经成为蒙古皇族一种不可移易的传统风俗。

还有另一种风俗，在把最高统治者的灵柩运往阿尔泰山的途中，护送的人要将沿途遇到的人作为殉葬者。他们对这些人说，请你离开

元太祖成吉思汗画像

凡间到阴间去吧，去服侍已经驾崩的大汗吧。他们完全相信这些被杀的人，在阴间真正会变成他们大汗的奴仆。他们又将最好的马杀死，供给主人在阴间享用。比如，在蒙哥汗的遗体被运往阿尔泰山的途中，护送骑兵一路上把遇到的人都杀死，殉葬者约 2000 人。

元世祖忽必烈画像

蒙古人的游牧生活、婚姻情况和宗教信仰

马可一家人发现：蒙古人永远不定居在一处地方，每逢冬季来临，他们就移居到一个比较温暖的平原，以便为他们的牲畜找一个水草丰富的草甸；一到夏季，他们又迁移至山区里比较凉爽的地方，那里既水草充裕，又可避免马蝇和其他各种吸血的害虫侵扰牲畜。他们在两三个月里不断的往山上转移，寻觅新的牧场，因为任何一块草甸，它的草料都不能够永远满足那么大群牲畜的饲养需要。

他们没有固定的住房，住的是用木杆和毡子搭起来的帐篷，不用时可以随时折叠起来，卷成一团，当作包裹。当他们必须迁徙时，把帐篷一起带走。他们在搭帐篷时，常常把出入口的门朝着南方。除了运送帐篷的车子外，还有一种双轮的上等轿子，质量很好，构造精密，上面也用黑毡子覆盖着，即使整天下着大雨，车子里面的东西也不会受潮。蒙古人的妻子儿女、日用器皿以及必需的食物，都用车子运送，由牛和骆驼拉着前进。家庭里面凡有什么买进卖出的商业（生意）由妇女经营。也就是说，丈夫和家庭所需的一切物品，都由妇女准备；至于男人的时间，全部用在狩猎和军事生活等方面。他们拥有

世界上最好的隼和最优良的猎犬。

蒙古人主要以肉和乳制品为食物，一切饮食来源都是他们狩猎的产物，他们还吃一种兔子一样的小动物（田鼠），一到夏天，这种田鼠遍布于整个大草原。不过，草原上其他动物的肉他们也不嫌弃，照吃不误，如马肉、狗肉。只要肉肥膘满，他们就认为是美味佳肴。马乳是他们的饮料，加工后味道像酒一样美好。

妇女们非常珍视贞洁，举止端庄，讲礼貌，世界上很少有超过她们的。就是在对待丈夫的爱情和义务上也是如此。她们不但把不贞看成一种最可耻的罪恶，而且认为那是最败坏名誉的。家庭里大家相处也很和睦，实在值得人赞美，且听不到一切粗鲁无礼的话语。妇女们的注意力，完全放在家务上，如准备家庭所必需的食品，管理仆役，看护小孩，都是她们的日常事务。

蒙古人实行多妻制，男人可以随意娶妻。结发妻子在家庭中享有尊贵的地位和权利，而且还扩大到她所生育的儿女。妻妾的数目没有受到限制，因此他们子女的数量众多。父亲死后，儿子可以继承父亲的妻子，只有生身母亲例外。他们不能和自己的姐妹结婚，但他们的兄弟死后，可以娶嫂子和弟媳妇为妻，每一次结婚都要举办隆重而盛大的婚礼。

蒙古人对神的崇拜、战争习惯

马可一家人发现，蒙古人信奉的神是一种性格高尚、情操圣洁的神。他们对神焚香叩头，顶礼膜拜，十分虔诚，从而向神祈求智慧和健康。

他们还信奉一种名叫"纳赤该"的神，其神像用毡子或其他布匹盖着，家家户户都供奉这种神。他们还替这种神塑造其妻子儿女之像，在其左边摆神妻之像，前边摆神子之像。他们认为这种神主管地面的祸福，能够保护他们的子女，照管他们的家畜和谷物。他们对这种神十分敬信，每逢吃饭时，总要先夹一块最好的肉放在神像的嘴上擦一擦，然后依次擦神妻及神子之口。他们还要在门外洒一点肉汤，表示祭祀过神之家属。做完了这些仪式以后，他们认为神的全家已经享受了一顿美餐了，这时他们才开始吃饭喝酒。

富裕的蒙古人，衣着十分讲究，穿的衣服都是用金银丝线织成的布匹，或用貂皮和其他动物的皮革制成的服饰，极其华丽富贵。

作战时，蒙古人使用的武器有弓矢、铁矛，有时也用长枪。他们从儿童时代起，就喜欢玩弄弓箭的游戏，所以弓矢是他们最谙熟的武器。蒙古人的盔甲，是用火烤干后的水牛皮和其他兽皮制成的，皮质坚硬牢固。他们骁勇善战，舍生忘死，临危不惧，一往无前。

蒙古人富有吃苦耐劳的精神。不怕任何艰难困苦，甚至必要时，只用马奶就可以维持一个月的生活。不然，只要抓到任何野兽，都可用来充饥。他们饲养马匹不用大麦和其他谷物，只要草料就足够了。男人要训练自己能在马背上过两天两夜的生活，马吃草时可以在马上睡觉。世界上没有任何一个民族，能在困苦中表现得这样坚毅，在匮乏中表现得这样忍耐。

每当蒙古人的首领外出远征时，他自己总是身先士卒，充当骑兵的前导。军队依十进制组成十户、百户、千户，并委派了各级那颜（蒙古语"官人"之意）为各级军事首领，即十户长、百户长、千户长，"自十而百，百而千，千而万，各有长"。蒙古大汗亲征，宗王、万户长、千户长等听从大汗直接指挥。

蒙古人在进行长距离的行军时，不随军携带扎营帐篷和炊具。他们带着一种毛毡制成的小帐篷，用来遮挡风雨。当情况紧急时，就用一种紧急探马（侦察兵）传递信息。这些探马，能够马不停蹄地连续奔驰十昼夜，既不举火也不进食，只用马血维持生命。

蒙古人把马乳晒干，行军时做成糊状充当食物，它的制法如下：先将乳煮开，取出浮在上面的乳脂，放在另一个器皿里做乳油。因为这种乳脂如果留在乳中，乳就会凝成固体。取出乳脂后，再把乳品晒干备用。行军时每人带在身边，每日早晨将一定量的乳放在一个皮袋里，加上自己需要的一定分量的水，挂在马背上。马匹奔驰时，发生剧烈的震动，这样会使皮袋里的乳变成薄糊，他们就用它当食物充

元残陶马（陕西历史博物馆藏）

饥。

　　蒙古人打仗时，从来不和敌人混战在一起，而是用围抄的战术，先把敌人包围起来，然后从一个方向发箭，再转换另一个方向发箭，有时佯装败逃，引诱敌人追击，然后又从背后发箭，射杀敌方的人马，如同正面作战一样。采用这种战术的用意是迷惑敌人，让敌人以为自己得胜。实际上这是蒙古人采用的诱敌之计。敌人中计后，他们又重新掩杀回来，击败敌人的残余士卒。这种战术无论敌人怎样艰苦奋战，最后总是难逃战败被俘的命运。蒙古人的战马，转换方向的动作特别神速，一声令下，全体战马，立即可以转向到位。他们凭借这样迅速机动的行动，赢得了无数次的胜利。

　　可是马可一家人也发现，上述介绍的一切，都是过去蒙古人的情况。住在中原的蒙古人，已抛弃了以往的生活方式，融入汉人的风俗。而住在西域的蒙古人，已经逐步被穆斯林的习俗所同化。

蒙古人的法律和大汗选妃的习俗

马可一家人发现，蒙古人的司法制度大致如下：一个人犯了盗窃罪，论罪不至死，应受一定数目的杖责，根据偷盗物品的价值和盗案的情节而置刑，但有许多人死于这种杖责。如果偷盗了马匹或应该判处死刑的物品时，就判决死罪，将犯人斩成两段。不过盗窃犯如果能够支付 9 倍于偷盗物品价值的赔偿，就可以免受刑罚。

蒙古人的首领和其他人一样，一般都有自己的私有畜群。如马、骆驼、牛等，牲畜身上都标上主人的标记。畜群可以放牧在任何山地或平原，不必雇佣牧人专门看管，也从不会走失。如果有谁的牲畜群里混入了别家的牲畜，就会查明标志，物归原主。至于绵羊和山羊，就有专人看管。蒙古人的牲畜，无论哪一种，都是体大身高，肥壮好看。

马可一家人还听人说，蒙古大汗有四个合法的正宫皇后。她们四人中的任何一人生的第一个儿子，在大汗逝世后都有继承王位的权利。她们四人均享有皇后的称号，各居一座宫殿。每一位皇后都有数百个年轻貌美的宫娥伺候。除此以外，还有内寝宫女、大批的青年男仆和其他宦官。所以，每一个皇后的宫里，侍从人员达万人左右。

当大汗希望四位皇后中的一位陪侍时，不是召她前来，就是御驾亲自进宫。除四位皇后之外，他还有许多嫔妃。她们都是选自蒙古部落中的弘吉剌部。该部的居民素以容貌秀丽、肤色光洁而著名。大汗每隔两年或不满两年，凭他的兴致，派人到那里，遵照他谕旨中规定的选美标准，挑选 100 位或 100 位以上的美丽的妙龄女子入宫。

选妃的过程如下：当选妃大员一到，就传令召集当地所有的年轻女子。指派适当的人员对她们进行考察。考察是单独进行的，而且考察得极其精细。这就是说，对头发、眉毛、口、唇和其他部位都必须注意到。然后，按照容貌美丽的程度，分为十六、十七、十八、二十或二十一开外几种类型。大汗要求的一般是在二十或二十一开外的美人。这些选美人员的职责和权限仅仅到此为止。凡当选的美人立即送入大汗的宫廷。

当她们进宫以后，大汗又另任命一班人对她们再一次进行考察，从中挑选三四十人作为他的内宫，贵如妃子，十分尊贵。由某些年长的宫娥分别照顾和监护她们。这些宫娥在夜间认真考察她们：有没有隐秘的缺点，睡觉是否安稳和有没有鼾声，呼吸的气息是否芳香如兰，身上各部位有没有难闻的气味。经过这样严格的检验以后，她们才被分成五个小组，每一组轮流在大汗的内宫侍奉三昼夜。她们必须百依百顺，任凭大汗随心所欲地支配她们。

她们中的一组期满以后，由另一组接替，这样顺序轮流，一直到五组轮完为止。然后，周而复始，第一组的五人又开始第二轮的侍奉。但是当一组在寝宫侍奉时，另一组必须住在相邻的外室。大汗如果有什么需要，像饮食之类，由寝宫的一组传令给外室的一组，所需的物品便可马上送到。所以，侍奉大汗的职责，全部由这些年轻女子承担。姿色次一等的女子，便被分派到各位王公那里，在他们手下学习烹调、裁缝等技艺。凡朝廷中有官员娶妻，大汗便在这些宫女中选出一人赐给他，并且陪送一份丰厚的嫁妆。这样一来，大汗把她们都配给了贵族。

听到这里，马可一家人不禁要问，这个部落的人民会不会因他们的女儿被君王强行纳入后宫而感到委屈？得到的回答是：不。相反的，他们认为这是降临到他们身上的一种恩典和荣誉，那些有美丽女儿的父亲，看见大汗选中他们的女儿，无不欢天喜地。他们说："我的女儿如果福星高照，命运亨通，大汗选她为妃，这将是她最大的福气。而这种福分是做父亲者力所不能及的。"反之，如果女儿行为失当，或遭遇不幸而落选了，父亲便归咎于她的命运不好。

离开窝阔台汗国后的沿途见闻

海都派了一个送递快信的信使，将马可一家到达的消息送到上都。另外，他还派一队武士护送他们到中国北部边境的肃州。护送队从肃州城堡把他们送上直达上都夏宫的驿路后，再返回。

再往前走就不需要向导了。驿路笔直，修筑得很平坦。驿路是马可目睹的东方伟大的奇迹之一。关于蒙古的驿路，本书前面已有讲述，这里要补充的是，蒙古帝国的主要驿路上，每 15 公里设一驿站，每站常备 400 匹驿马。蒙古的驿站是通宵服务的，火炬彻夜通明。递快信的信使，每天至少走 100 公里。除了骑马的信使之外，大汗还有跑步送信的信使。信使每人跑约 2 公里路，以接力方式传送信件和包裹。10 天以上的路程，可缩短到 24 小时到达。大汗制定的驿路法令必须绝对执行，违者处死。

海都的信使，把波罗兄弟到来的消息及时禀报了忽必烈。忽必烈立刻派了使者到 40 天行程之外的地方去迎接，以表礼遇。因此，马可一行在宁夏地区便遇到了忽必烈派来的使者。

自从离开窝阔台汗国后，沿途有许多见闻，马可都将其记载了下来。

最初，马可一行好不容易走完了一个月的沙漠旅途，终于到达了一座名叫沙州（今敦煌）的城市，它在元朝的版图以内，隶属唐兀（元时泛称青藏地区及当地藏族诸部）。那里的人民信奉佛教，少部分是聂斯脱利派基督教徒。那些佛教徒操着一种特殊方言。沙州的居民不经营商业，从事农耕，种植小麦。

境内有许多寺庙，庙内供奉着各种各样的佛像。他们对这些偶像十分虔诚，时常祭之以牲畜。当他们生了儿子，必须请一位神祇做孩子的保护神。父亲为了敬奉孩子的保护神，专门在家里养好一只羊。一年之后，逢着这个神的特别祭日，父亲就带着儿子和羊，来到神像的面前，用羊作牺牲进行祭祀。他们将羊肉煮熟，供奉在神像前，进行长时间的祈祷。他们相信在祈祷的过程中，羊肉的气味会被神吸收去。祭祀完毕，他们把祭过神的羊肉带回家里，邀请所有的亲朋分享祭肉，大家在一起虔诚地、欢乐地饱餐一顿，最后把骨头收集起来，用精致的器皿保存。而祭司们，也可以分得一份祭品，如羊头、羊脚、羊肠和羊皮等。

这些佛教徒，对死去的人会举行一种特殊的殡葬仪式。当一个有身份的人去世，在等待安葬入土的时候，他的亲属请来一些星相家，告诉他们死者出生的时间，星相家根据这些来观察天上的星宿，等到确定了星座或标志，即死者出生时的那颗星在星座里面，然后才择定日期举行葬仪。如果这颗星当时不是上升状态，他们就要求遗体保存一周或一周以上，有时甚至必须半年之后，才能入土安葬。

由于这样的一些原因，死者的遗体，有时不得不长期停留在家里。为了防止尸体腐烂，他们用厚度达到 10 厘米的木板，为死者制作一具棺材。它像一个长方形的大木箱，制作得十分坚固，外面涂上一层油漆，接缝处填上沥青和石灰的混合物。然后把整个尸体用绸布包扎起来，放进棺材里面，撒上大量的樟脑和其他药材。一般在家中停灵的时期，灵前的供桌上，每日必须陈列面食、酒和其他食物，并约亲友吃一顿饭。这些星相家有时会告诉亲属他们观察星相的结果，例如死者的灵柩不宜从大门运出，否则对亲属不利。于是，亲属就必须把棺材从旁门运出，有时还必须穿墙而出。据说，不这样办，死者的灵魂会发怒，出来作祟，扰害家宅。这么一来，每当丧家发生了不幸事件，或家里人遭到意外，或破财，或早夭，星相家必指控说，这是因为葬礼不是在死者降生时的那颗星上升的时候举行，所以才招来这些横祸。不然，就归咎于尸体没有在妥当的地方运出大门。葬礼一般在城外举行，实行火葬。灵柩送出城外时，在必经之路，每隔一段距离，必须建造一种独木的棚屋，装饰彩绸，作为临时停放灵柩的地方。每逢灵柩停下时，不管时间长短，都必须摆上酒食，停一站摆一站，直到棺材到达目的地为止。他们认为这样做，能够让死者的灵魂得到休息，消除疲劳，有力气跟着前进。同时，在殡葬过程中，他们还有一种风俗，用某种树皮制作的纸，为死者绘制大量的男女、马匹、骆驼、钱币和衣服的图形，和尸体一起火化。他们认为死者在阴间将会享受纸片上所画的人物和动物。在举行殡葬仪式的时候，所有乐器全部击响起来，霎时吵闹喧嚣，震耳欲聋。

随后马可一行来到了哈密。这个地区夹在两块大沙漠之间，即他们已经走过的大沙漠和另一块范围较小的沙漠，走出较小的沙漠只需

陕西蒲城洞耳元墓壁画（局部）。从该墓题记"大朝国至元六年岁次己巳"可知墓主人下葬于公元1269年要三天。该地盛产水果，这是居民赖以为生的主要食物，而且除自己吃外，还能满足过往商旅的需求。男人们沉浸于声色犬马，不务正业，这是当地的民风。他们侍弄乐器，唱歌、跳舞、读书、写字，不事生产。总之，他们只知道寻欢作乐打发日子。

一路上，马可一行还打听到一些有关遥远的北方的情况：据说，离开和林和皇陵所在地阿尔泰山之后，如果向北方继续前进，就要横越一块约 40 天路程的平原。这一带居住着一个野蛮的部落，居民食用兽肉，以及鸟雀和鱼类。每逢换毛季节或夏季，各种飞禽成群结队地飞来水滨，脱换羽毛，不能飞行，因此很容易被人抓获。这个平原北部毗邻北冰洋，居民的风俗习惯近似蒙古人，他们服从蒙古大汗的统治。当地不产谷物，也不酿酒，他们在夏季依靠打猎来获得食物。但是，冬季气候十分寒冷，鸟兽绝迹。如果走完 40 天的路程，旅人就可抵达北冰洋沿岸。大洋岸边有一座高山，和附近的平原一样，是一种隼（海东青）栖息的地方。这种隼和鹧鸪一样大，尾巴像燕子，脚爪像鹦鹉，飞行神速。当大汗希望获得这种隼的时候，便会派人来这里捕捉。离海岸不远的地方有一个小岛，上面盛产白隼，大汗要多少就可捕捉多少。

忽必烈父子

上都夏宫气象

终于，马可一行来到了上都。上都是蒙哥在 1256 年建立的。附近有一条上都河，位于滦河上游。1260 年忽必烈即位，在此定都置府，当时被命名为开平府。

上都是马可有生以来见过的最美丽的城市，莫说威尼斯，就是罗马也比不上此城华贵。欧洲人以为欧洲就是世界，自己是世界上唯一的文明人。这次马可亲眼看到东方文化的宏伟壮丽景象，才知道东方文化早已走在西方文化的前面。

上都周围有高大的护城墙，长达数十里，有 6 座巨大的城门，每座城门就是一座要塞，由装备精良的蒙古士兵在守卫。马可一行进城时，军士们刀矛并举，大声吆喝，表示欢迎。

上都真是一个奇特的城市，它位于草原中心，在碧绿的草原上发出金光，建成不到 10 年，但已有居民数十万人。除了蒙古人外，还有汉人、契丹人、女真人、畏兀儿人和波斯人，也有少数阿拉伯人和印度人在此城生活。他们的服装五光十色，习惯与信仰各异，语言不尽相通，但在此城和睦相处，仿佛已有千年之久。这是整个蒙古帝国的特色。

上都宽阔的大街，熙熙攘攘，呈现出色彩缤纷的景象。数不清的马，成群结队的驴子，一队队的骆驼，帘门紧闭的轿子和马车，汇成了永不止息的"洪流"。肉案子、锅饼铺，鳞次栉比；卖布的，兜售香料的，倒卖古玩的，随处可见；叫卖糖食蜜饯和干鱼的，卖鸟的和卖兽皮的，无奇不有；酒馆饭店，娱乐场所，大小庙宇，高低宝塔，气象万千；特别是各式各样的服装，令人目不暇接。平民百姓一般穿着宽大的长布袍和齐膝的短裤，达官贵人则穿刺绣的华丽长袍，戴着精工巧制的头饰和帽子。

大城里面又是一座城，名叫内城。内城城墙用白石砌成，高度和厚度都与外城的差不多。遥望内城里面，有一座美丽的大理石宫殿。宫殿的金顶上飘扬着九旄白纛。这是忽必烈大汗的权力的象征。

要进入内城，必须出示金牌。护卫军只准波罗兄弟带着马可进宫觐见，随从人员都留在宫外。

从白石宫墙到那座金顶大理石宫殿，三人又走了约一顿饭的时间。这条路又长又直，一眼望过去，像没有尽头。

一路上马可向两边观看。路旁是两大片空地，一边是御花园，草木葱茏，还有数条小溪，另一边却是个动物园。动物园用极坚固的竹篱围住，狗、兔、鹿、猴等小动物和各种珍禽在园中自在嬉游，但不敢走近一排铁笼。这些铁笼里养着许多鹰、雕，大概是作为猎兽用的，还有些笼中养着猎豹。

御花园的中心，一片小树林的旁边，是竹子行宫，全部用竹料建成。一根根雕镂巨龙且漆金的粗竹子，支撑着用竹片搭成和防水丝绸

元上都遗址出土的琉璃狮首（锡林郭勒盟文化遗产博物馆藏）

元上都遗址出土的花纹砖（锡林郭勒盟文化遗产博物馆藏）

覆盖的宫顶。这浑然一体的、宏伟的"逍遥宫"，可以折叠起来，也可以拆卸，可在其他合适的地方重新搭建起来。这个"行宫"可以说是个以竹子为材料的大型毡包。忽必烈为了避暑，夏天就住在这个凉爽的竹宫内。这个竹宫叫大安阁。

马可和父亲、叔叔走到了一座雄伟的大理石宫殿前。这座乳白色的大理石宫殿，配上翡翠一般的绿色玻璃瓦，远远望去，犹如浮现在半空的琼楼仙阁。

他们被领进宫殿后，看见各处建筑雕梁画栋，金碧辉煌，令人目不暇接。厅室的内部陈设，琳琅满目，美不胜收，真是艺术和美工设计的一大奇迹。每间房都挂满了字画。一幅幅关于鱼虫花鸟、风景山水的美丽图画，把房屋装饰得十分高雅。

元上都遗址出土的龙纹琉璃瓦当（锡林郭勒盟文化遗产博物馆藏）

波罗一家觐见忽必烈

在觐见大汗之前，波罗一家都必须沐浴更衣，侍者将他们引进浴室，痛痛快快地洗了个热水澡，还有侍者给他们擦背按摩。他们将旅途中所穿的衣服通通换掉，穿上元朝的衣服。浴毕，马可到烧水房参观。令他感到惊奇的是，这儿用一种黑色的石头作燃料，他在欧洲从未见过。烧水工告诉他：这种黑石头叫煤，是从山中挖出来的。

从浴室里出来后，他们被安排在客房休息。这个房间十分典雅，有嵌花的门、丝绸屏风、玉雕装饰和精美的瓷器，窗户上贴着美丽的剪纸。有一扇精雕细刻的门通向一个小花园，花园有假山、喷泉、金鱼池。

波罗一行每人腰上要系上一条宽宽的、雕镂精美的带子，父亲告诉马可，这腰带是上朝时的官品标志。

他们步入觐见殿的外殿，里面富丽堂皇。这里既是满朝文武会集候朝的场所，又是群臣上疏奏本接待之处。许多显贵、高级官员都在等候着，有些人身着蒙古服装，有些人身着波斯服，或阿拉伯服装。有些佛教僧侣，身披橘黄色的袈裟。殿内还有穿黑袍的景教徒。

尼哥罗和马窦向通往内宫的宫门走去。宫门金光闪闪，镶嵌着翡翠。兄弟俩一路上不时停下来，和老朋友打招呼或交谈。马可注意到一老一少两个人，一个是年幼的蒙古王子，大约有 10 岁，长着一副聪明伶俐和富有生气的面孔；另一个是 40 岁左右的长者，穿一件喇嘛袍。马可问父亲那两个人是谁。他父亲神色严厉地轻声说，年轻的是铁穆耳王子，是太子真金之子，忽必烈之孙；年长的名叫八思巴，吐蕃萨迦派首领，现在是铁穆耳王子的老师，是"国师"。此人权势很大，对欧洲人怀有敌意。父亲告诫马可对这个人要小心提防。

进入内宫的人得先脱鞋和把袍子提起来，才能跨过门槛，不然御林军马上举起粗重的大棒阻止。进入后，马可看见觐见殿更是无比豪华，真是皇帝的金銮殿赛过天堂，里面到处都是雕龙镂凤的柱子、涂金的飞檐和各种绫罗绸缎做的帷幔。服装华贵的达官贵人们，按官品的大小，依次排列在殿内的两侧。忽必烈坐在一个高台上的华贵宝座上，身材魁伟、健壮，上唇蓄着一抹下垂的细髭，嘴下留着一撮胡子。虽然年届六十，但他面容丰润。他穿着丝绸龙袍，戴着皇帝的冠冕，泰然自若，不动声色，注视着波罗一行向前走来。

波罗一行在一名手持金质权杖的官员引导下，来到宝座跟前，在这官员身后跪下。马可模仿父亲的每一个动作，他看到父亲把身子躬下来，前额触地，不禁感到惊奇。

"卿可平身。"忽必烈说。他们抬起头，一直跪着。"你们经过漫长的岁月，终于回来了。朕还一直担心，是不是疾病或者意外的战争，让你们耽搁了！"忽必烈又说。

"陛下说中了，我们正是被耽搁了。"尼哥罗解释说。

"这就是你们没有给我带来我要求的 100 名学者的原因吗？"

马窦结结巴巴地道歉说，之所以没有派遣，是因为新教皇刚登基，并向忽必烈保证，罗马方面已经向他伸出橄榄枝，愿意与他建立友好关系。尼哥罗从上衣口袋里取出一个信件卷筒，递给宝座台旁的官员。"教皇给陛下捎来书信，致以兄弟般的问候。"

"兄弟般的？"忽必烈并不喜欢这个字眼，"他把自己和朕平等并列了？"

"他乃万国教会的至高无上的教皇，陛下。"

"我怀疑，在朕的帝国没有信奉他以前，他的教会是否是万国的。"忽必烈低声说，微微地笑了一下。群臣中间发出的笑声高了起来。八思巴正好带着小王子铁穆耳走进来，跪下微笑着。当马窦呈上雕刻精美的象牙盒时，他脸上的微笑随即变成了憎恨的表情。这精美的象牙盒是教皇馈赠的礼品中，经过长途跋涉，保存下来的珍品之一。马窦把小盒递给手持金质权杖的官员，由他捧给宝座台上的侍仪奉御。侍仪奉御得到忽必烈的点头许可，方才打开了小盒。忽必烈从小盒里取出一个嵌着宝石的十字架，把它高高举了起来。

"真奇怪。在各种宗教中，只有贵教把象征死亡的刑具变成一种美的东西和权力的象征。"他静静地说，然后小心翼翼地把十字架放回小盒里。

尼哥罗赶快抓住了这有利的时机，启奏道："我们一路上也小心保护好了为陛下准备的一份极为珍贵的礼品。"他一面说，一面向背后的马可打手势暗示。

马可一直跪着，注意着，聆听着，正在着迷出神。他注意到父亲的手势，就笨拙地向前移动。他站了起来，捧着小匣，走到父亲跟前。他看见忽必烈的目光冷冷地转向他，就赶快在尼哥罗身边跪下，把小匣交给了父亲。

"教皇托我们给陛下带来了一份从耶路撒冷圣墓中取出的灯油。"尼哥罗说。

大殿顿时发出了一阵喃喃议论。小匣被呈至忽必烈面前。忽必烈接过小匣并放在自己的双膝上。这时八思巴紧张起来，神情肃穆。忽必烈看到尼哥罗、马窦、马可往身上画着十字，就踌躇了一下，方才打开匣盖，从中取出一个小瓶。当他举起这小瓶时，达官贵族们都好奇得把脖子伸得老长。

"这确实是从你们基督墓前圣灯中取出来的油吗？"忽必烈问。

尼哥罗把手放在自己的心上，说："千真万确，陛下。"

忽必烈移动着手指，想要拔下瓶嘴上的塞子，但他停住了。他不是惧怕，而是出于小心谨慎。

"陛下的金牌，是我们在您的帝国中安全通行的护牒，"马窦说，"但是我们在陛下的敌人和大自然给予的威胁和危险中得以幸存，这就要归功于圣油的威力了。"

忽必烈小心翼翼地把盛着灯油的小瓶又放回小匣里。他吐了一口气说："确实是件极其珍贵的礼物……一件应该虔诚收下的礼物。"他微笑着："我看到，你们又带来了一个同族，该不是一名有学问的神父吧？"

"回陛下，这是我的儿子，名叫马可。他从耶路撒冷起，一路护送着圣油。我的儿子也是陛下的奴仆。"

"如果他能像他父亲和叔叔一样很好地为朕效忠，朕会很高兴的。他有多大年纪？"

察必皇后画像

"21岁。"马可机敏地回答。

全场发出了惊讶的叹息声，大家惊讶：皇上没直接向马可提问，他就说了话，这是对皇帝大不敬呢！马可差一点要咬掉自己的舌头。但忽必烈并没有抓住他的错误不放，继续往下说："朕宣旨，你们的忠心和诚实，值得大大嘉奖。你们的财产和珠宝，我们一直保管着。原有的不管是什么，自即日起，一律增加一倍，作为奖赏。"

达官贵族们高声赞扬，尼哥罗和马窦鞠躬谢恩。然而八思巴看到忽必烈热情地接待威尼斯人，非常嫉妒。

"你们一定要把教皇的信译过来。我有很多事要商议。"忽必烈继续说，"同时……"他抚摸着小匣，"朕要把它送给察必皇后保管。你，马可，既然一路上护送匣子，走了那么远，就再护送一小段路吧。"他把小匣交给侍仪奉御，说："你同他一道去。"

侍仪奉御磕了头，用膝盖向后滑下了宝座台，起身走到马可跟前。马可看到尼哥罗点了头，才拿起小匣站起来。他向忽必烈鞠了躬，转过了身。

"向后退着走！"他父亲贴近他悄悄地说。

马可大吃一惊，立刻转回身去，又向忽必烈骤然鞠了个躬，才低垂着眼睛，向后退着走出了大殿。

忽必烈设宴招待波罗一行

御宴殿是马可平生所见过的最大的单间大厅。殿内周围靠边处，有许多乐师在不停地演奏着。一排排的宴席桌，摆设在殿内两侧逐级降低的平台上。席上坐满了数百名宾客。忽必烈高坐在宴席一头的小桌后面，比其他人的位置都高得多。只有察必皇后一个人坐在他的左边，两人都穿着长袍。察必皇后贤德有为，睿智聪慧，有辅佐之谋，乃一代贤后。

在皇帝和皇后的右边，稍低一级，是太子真金的席桌。真金身材修长，风度翩翩。侍仪奉御曾告诉过马可，太子很有才华，文化修养高，不过，性格有些内敛，不像他儿子铁穆耳那样深受蒙古王公贵族的喜爱。这个小王子铁穆耳同其他王子的宴席桌在更低一级，与忽必烈双脚相齐的平台上。王子们的正妃坐在忽必烈左边，位置高低与王子们相同。显赫的贵族和文武百官们，坐在比王子们更低一级的平台上。

尼哥罗、马窦、马可坐在较低的、靠边的宴席桌的一端。这样，忽必烈就能看见他们，正像他能看见宴会上所有的人一样。

渎山大玉海。现藏于北海公园玉瓮亭，相传为元世祖忽必烈在广寒殿中大宴群臣使用的酒器宴会极盛大豪华。菜肴极为丰富，盘碟和酒杯都是赤金制成的。伺候忽必烈和察必皇后的侍臣都用丝巾罩住嘴和鼻子，以免弄脏皇上的食物。每当侍臣给忽必烈斟酒时，全体乐师就奏响轰轰的乐曲。忽必烈一举起酒杯，人们就立刻安静下来，鸦雀无声，在他饮酒的时候，一直保持着肃静。他一放下酒杯，人们就欢呼起来。

忽必烈今天情绪极佳，频频举杯祝波罗一行身体健康。作为"国师"的八思巴一直注视着忽必烈，观察他的每一次微笑、每一次点头的表情。八思巴能从忽必烈不停地往下瞧马可时的神情猜出皇后在对他说些什么。虽然八思巴表面很随和，很少在公众场合流露自己的想法，但此刻他的心，正因为一个青年，七上八下地翻腾着。八思巴很聪明，但又狡猾透顶，他意识到，两个老波罗的威胁倒不大，他们的头脑专门用在商业上，他们对大汗的价值，仅在于熟悉国际行情以及他们的组织能力。然而马可这个小伙子却是未知数。察必皇后内宫中的侍女有八思巴的坐探，她们告诉他，马可给皇后留下了极好的印象，他满足了她如饥似渴地想了解基督教的愿望。如果皇后反过来影响大汗，那就糟了。是的，必须对尼哥罗的儿子严密监视。

马可并没察觉到，忽必烈和八思巴都在注视着他，他双颊绯红，心情激动，对眼前的一切充满了好奇。他吃了很多奇珍菜肴，饮了不少酒，眼下他再也吃不下了。他正在观看表演。这些表演软体舞蹈的女郎们，腰上只缠着腰布，胸部束着几条窄丝带。她们的表演千姿百态，还能把身体弯到能使头从双腿间探出来。

马可不由想起了在贝克特营帐的第一夜。今天的宴会只是规模更宏伟、更豪华罢了。舞蹈刚演完，一个印度魔术师随即出场。他头上缠着高高的包头布，穿着袋子似的松垂裤子和五颜六色的上衣。他向忽必烈深深地行了额手鞠躬礼。当他身体站直时，两臂就忽然抱满了鲜花。他把鲜花投向众宾客，掷出去的鲜花成了长长的彩带，花有什么颜色，彩带也有什么颜色。顿时，空中飞满了五彩缤纷的彩带。大家正在喝彩，他又双手一举，霎时，各式糖果、核仁夹杂着很多金饰，雨点般纷纷落在了宾客中间。

一个金戒指正好落在马可的桌上。他拾起戒指，用牙咬了一下，确认这真的是金戒指。原来，大汗就是用这个方法向客人们馈赠礼物的。

这时，侍从们向前推动着一个有轮子的华丽饮料柜，这个饮料柜是忽必烈命令匠人们特制的。柜子用珍贵的木料制成，雕刻着烫金的动物图案。柜子每边都有金质龙头，和柜内藏的木桶相连。侍从可以打开机关，白酒、乳酒、骆驼奶或者清冽的泉水汩汩地流出。

印度魔术师退场后，接着是一个喇嘛出场。他弹弹手指，手上就变出一根细长的蜡烛。他把蜡烛向忽必烈一指，烛头就爆发出火焰，引起了高声喝彩。然后，这喇嘛从饮料柜上取下一个金碗，把它放在一根立着的金属细管上，再用蜡烛的火焰一触金属管底座，"砰"的一声巨响，爆出一团火光。那只金碗飞向了空中，正好飞到忽必烈旁边。忽必烈在众目睽睽之下，抓住了那个金碗。人们再次为之喝彩。侍臣为忽必烈斟满酒，乐队又奏起了响亮的乐曲。忽必烈喝着酒，激起了更大的喝彩声。马可随其他人一道喝彩，但他也知道，这是利用烟花完成的魔术表演。喇嘛的表演技巧可算到家了。

马可环顾了一下四周，发现八思巴正从长桌的一端注视着他，他感觉此人对他不怀好意。现在轮到"国师"八思巴出场表演了。他手指一弹，一条有冠顶的大蛇，就在他面前显了形，盘旋竖立着，摇摆着，伸吐着它的舌头。宾客们都吓得鸦雀无声，恐惧地往后退缩着。

八思巴一伸手，大蛇就不见了。他的手指向马可弹一下，马可立即听见大蛇在身边发出"嘶嘶"的响声，不禁跳了起来，恐惧地环顾着，但又没有看见什么。同席的其他人悄悄地窃笑着。马窦抓起了切肉的刀戒备。"嘶嘶"声又响起来了，这次更近了。马可听着令人恐惧的"嘶嘶"声越来越近，就将双手放在桌上，笔直地坐着。他奋力隐藏住内心的恐惧，精神极度紧张，汗珠从额上滚落下来。大蛇的影子正好落在他面前的桌上，蛇头高高抬起，俯视着他。蛇的"嘶嘶"叫声达到了极尖锐的程度，然后，就突然停止了。

在这段时间内，忽必烈一直注视着马可。他明白，八思巴在考验马可的克制能力。

八思巴这时举起双臂，然后在腰际扭搓着双手。一阵金光闪闪的雨，不知从何处下了起来。在刚要落到宾客头上时，就停止了。即使是这样，宾客们还在想要抓住那金雨。

马可完全不像其他人，他一动不动，注视着似乎与他为敌的八思巴。他看见，八思巴站在那里，超然地、冰冷地露出轻蔑的神情。当宾客们真的伸手去抓那幻觉的金雨时，他很看不起他们。

马可抬头一望，还发现另有人在注视着他，他们就是皇帝和皇太子。他发现太子对他微微地笑着，仿佛在向他致意。尽管侍仪奉御描述太子为人冷漠，但在太子真金的微笑中，马可却感受到了温暖。

太子真金

　　真金是忽必烈的长子，其母为察必皇后。他成年时正值忽必烈创建元朝。他的人生是在元初激烈的政治斗争中度过的。忽必烈推行渐进改革的策略，重用汉人，采用汉法治理国家，这些措施都得到了真金的支持。真金比他父亲走得更远，他主张尊崇汉法，研习汉文化，并积极与守旧势力和奸佞作斗争。忽必烈在位后期，在采行汉法方面，他自己也开始转变为消极保守的代表。这时，在朝廷中，力图继续推行汉法的代表是太子真金。

　　真金自幼即受儒学教育。1251年，蒙哥即汗位，把漠南汉人地区的治理权交给忽必烈。这是忽必烈以汉法治理汉人地区的开始。次年，真金10岁，忽必烈就让著名儒士对他进行教育。真金的老师，先是姚枢，后因其随忽必烈征战大理，便由昭文馆大学士窦默接任。元朝大理学家许衡也曾担任真金的老师。这些元初名儒悉心以儒家经典教授真金，每天以三纲五常和先哲格言熏陶真金的性情。从1259年起，忽必烈又命令真金受学于另一汉人名儒王恂（官拜太史令）。1259年忽必烈出师鄂州时，真金留在漠北。这年蒙哥战死，接着忽必烈与阿里不哥展开争夺汗位的斗争。这时，真金已是一个引人瞩目的人物。11 月，蒙哥的儿子们都拥立阿里不哥（忽必烈之弟）为大汗，发兵于漠北诸部。察必皇后闻讯后，责问道："发兵大事，太祖皇帝曾孙真金在此，何故不令知之？"拥立阿里不哥的人无言以对。忽必烈听从汉法派谋臣的建议，决定回师，并安排真金镇守燕都，自己则带兵讨伐阿里不哥，并于 1264 年将阿里不哥彻底击败，漠北与中原地区恢复了统一。在与阿里不哥的斗争中，汉法派的郝经、张文谦、廉希宪等都是起了重要作用的人物。可是，1262 年，汉人李璮乘忽必烈平定阿里不哥之乱之机，在山东发动兵变，接受宋节度使官号，尽杀蒙古戍军，举朝震惊。其后被史天泽围攻于济南，被俘而死。"李璮之变"虽然时间不长，但影响很大。从此忽必烈认为汉人不能完全信赖，在用人政策方面，有了明显变化，令真金和其他一些蒙古贵族参与实际政事，并起用色目人阿合马等，以牵制汉人官僚，因此，忽必烈于中统三年（1262），封真金为燕王，守中书令；次年，兼判枢密院事。中书令是中书省最高长官，而元代中书省是中央最高行政机构，枢密院总管全国军事事务。这时王恂继续侍奉真金，担任他的老师和幕僚。王恂每天都要把历代兴亡的原因，特别是辽、金等游牧民族的历史向真金讲说，使他知道游牧民族的首领只有采用汉法，才能在中原地区建立长久的统治。王恂的进言，写成文字记录在案的有 20 万字之多。忽必烈令真金参与政事自有深意在，但真金参加政事又是汉法派大臣衷心拥护的。因为他们意识到真金可能是他们新的支持者，在其掌权后可能大力推行汉法，打击蒙古保守势力。尤其是 1263 年真金兼判枢密院事后，在朝廷中的影响力越来越大。于是一些儒臣们不断提出定国本的问题，力推真金为皇太子，期望忽必烈死后，真金就可掌握国柄，大力推行汉法。

所谓"定国本"就是解决皇位继承人的问题。从成吉思汗起，大蒙古国的汗位继承制度就是不明确的，汗位交替之际经常出现政局的动荡，继承问题经常成为各贵族集团之间矛盾的爆发点。从窝阔台以后，每次汗位的继承都会导致蒙古贵族内部的激烈斗争。这种斗争造成蒙古帝国政权的严重不稳定，从而削弱了蒙古贵族自身的统治力量。为摆脱这种争夺汗位的危机，就必须建立起明确的汗位继承制度。根据汉法，皇位的继承采取嫡长子继承并事先建立储君的制度，统治者认为只有这样才可以使王朝稳定、国祚长久。所以忽必烈建立元朝后的定国本问题就是立皇太子。1260 年，郝经在上书中就提出立储君的问题。1267 年，姚枢议政提出八条建议时，把立储君放到第二条的地位。1268 年，陈祐上书陈述三项根本大计，第一项就是早立太子的问题，把这个问题提到关系国家安危的高度，只有设立皇太子，才能"绝觊觎之心，一中外之望，则民心不摇，邦本自固矣"。同时，只有立真金为皇太子，汉法的继续推行才有保证。因此，立储君已是当时继续推行汉法的核心内容。

要立储君，必须说服忽必烈。汉法派儒臣再三向忽必烈说明立储君的意义，力劝他从先前的汗位继承斗争中，特别是从与阿里不哥的斗争中吸取教训。

一天，忽必烈在驿馆中召见谋臣张雄飞，问他眼下国家最急切的任务是什么。张雄飞回答的大意是：立太子是国家的根本大事，但愿陛下能早立太子，以安抚天下人心。街巷中的小百姓有升斗米的储蓄，尚知托付后人，现在陛下拥有的国上如此广大，手中掌握的国柄是如此重要，如果不早点指定接班人，是非常欠缺考虑的事情。假使先帝蒙哥知道接班人问题的重要性，早立皇太子，陛下就不必经历那么多纷争了。这段话，打动了忽必烈。他本来躺在卧榻上养神，听完张雄飞的陈述后，立刻翻身坐起，一再称赞他的话有道理。在汉法派儒臣反复进言后，忽必烈终于决定立储君，于1273年正式册立真金为皇太子。这些事发生在马可来上都觐见忽必烈的前两年，所以在欢迎宴会上，真金是以皇太子身份出席的。

但随着皇太子真金实际掌权，周围聚集了一批汉法派儒臣，羽翼丰满，真金与忽必烈之间的关系变得微妙了。这个事十分复杂，牵涉汉法派与蒙古权臣错综复杂的斗争，而且对忽必烈影响甚大。

忽必烈单独召见马可·波罗

宴会结束的第二天，忽必烈大汗单独召见了马可·波罗。接见的地点在一个宽敞、豪华的帐篷里，宁静、温暖、舒适。忽必烈靠在一张丝绸面的卧榻上。太子真金坐在地上，胳膊支在凳子上，神情倦怠，无精打采。

马可跪在忽必烈面前，毕恭毕敬，发言谨慎。他从视角望去，看到一张低矮的茶几，上面零散地摆着一些地图。地图上面，是一艘战舰，那是一只大的海舶模型。虽然马可肚子里憋了很多问题，但是不敢发问。

忽必烈向马可提了一连串的问题，问他：喜欢昨晚的宴会吗？喜欢魔术吗？

马可回答说，昨夜承蒙陛下赐宴，不胜荣幸。他说自己喜欢看魔术表演，当蛇叫的时候，他虽然害怕，但同时佩服"国师"的高超技艺。他说这是一种特异功能，有些异人有这样的功能，例如，他曾在一所喇嘛庙里看见一个喇嘛升起到空中。

忽必烈很高兴听到这样的回答。他随即伸手从茶几上拿起一张地图。他打开地图，摊在地上。"那个喇嘛庙在什么地方呢？"忽必烈问道。

马可跪着向前慢慢挪移了几步。"在这儿，陛下。"他指着吐蕃北部群山中的一个小点，眉头皱了起来，"这儿不对。这条路画错了。"

"你敢肯定吗？"

"是的，我们原想从这儿走。但是发生了山崩，把山道堵死了。我们只好走这条山谷，往北稍稍远一点儿。"

"你的父亲和叔父都不记得这一点了，"忽必烈靠在卧榻上，打量着这位年轻人，"察必皇后看来是说对了。她说，在她所接触到的旅行者当中，还从来没有人对所走过的路，能像你这样记得清楚。"

突然的赞赏又使马可不安起来。"我只记得我所感兴趣的东西，就是这样。"他轻轻地移动着膝头，想缓和一下不舒服的姿势。就在这时，他发现忽必烈正在看着他。"我很抱歉，陛下……"

"朕懂了，你不习惯跪着。你可以随便坐下或站着……"真金对父亲的让步不胜惊讶。但忽必烈很快又加了一个条件："不过，只有当朕和你单独在一起的时候才可以不跪。"马可感激地点着头，向后坐下，在忽必烈面前伸直了腿。"现在你对朕说说，你感兴趣的有哪些东西呢？"

马可·波罗回禀忽必烈说，他旅行到各个地区，首先关心的是当地的风俗、居民的信仰和他们的生活方式。他还注意观察人们种的庄稼有哪些品种，人们怎样照顾老弱病残，怎样教育儿童；还有当地的出产，如塔什干的棉花，巴格达的珍珠，等等。他还认真调查当地的矿藏是什么，究竟是金属、宝石还是石棉。一些可以获厚利的特产，更引起他的注意，如帕米尔高原上有一种野羊，它的犄角有六个手掌长，堪称名贵动物，鄯善河床中的碧玉，很有出口价值。他还搜集各地的民间传说，因为这些故事中蕴藏不少道理。一个民族的盛衰与其性格是有关联的，有的果敢坚强，有的优柔寡断。

"所有这一切你都能记在脑中吗？"忽必烈问。

"我作了一些记录，帮助我回忆。如某一地区的气候、地形和特产，穿过该地区要走多少天，或者城市之间的距离有多远等。"

忽必烈听得入了迷。

"你听到他说的吗？真金！朕平常是怎么说的！他讲的这些，正是一个君王需要掌握的情况——一个君王应知道在什么地方屯兵，每年税收多少，什么地方有粮食，可以赈济灾区。因此，我们需要准确地记录，我们要研究它们。我们应更好地熟悉我们的疆土，了解我们的百姓。"

马可被忽必烈的夸奖所鼓励，又想起了一件事："海都可汗说，一个统治者最好应到各个地方走走，亲眼看看百姓的生活情况。"

"朕的侄儿还说了些什么？"忽必烈不动声色地说。

"海都说，一个真正的蒙古人绝不应该远离自己的战马，这样他才能战无不胜。"

话音刚落，马可意识到了真金送给他的危急信号。他立即跪倒，请求宽恕。真金马上为他辩解。

"他说这话是出于忠诚，父皇。"

"我知道，"忽必烈在沉思着，"不要害怕，马可先生。对朕唯唯诺诺的人太多，有人敢于坦率陈词，倒使我耳目一新。"马可这才松了一口气，和真金对视微笑。这是他们友谊的开始。忽必烈看在眼里，并没有不高兴。

"朕很欣赏海都，"忽必烈对他们说，"他是真正的蒙古人。但有些事他不会明白。有些道理朕要对你们讲，你们都要记住——因为你，将来有一天要继承朕的皇位；而你，马可，可能要辅佐真金。那就是，骑在马上可以征服世界，但却不能统治世界。"

真金和马可表情严肃地点着头。

然后，忽必烈吩咐马可立即将自己途中收集到的情报资料向架阁库（官署贮存档案的库房）的负责人八思巴大人禀报。马可遵旨，立即去执行。

出席御前会议

马可每天都看到新奇的东西。有一天，他抬头看天空，只见空中有一条红绿两色的巨龙，在云端蜿蜒游动，长长的龙尾剧烈地摆动着，好像有一个孩子在拉着长线，控制着这条龙。后来人们告诉他，这是风筝。

有一天，他到架阁库办事，在那儿看见一种漂浮在水池上的机械。蒙古人叫它水时计，又称为漏壶。漏壶是计时的器械，由四只铜壶由上而下叠置组成。上面三只壶底都有小孔，最上一只铜壶装满水后，水即逐渐流入以下各壶。

元代漏壶（中国国家博物馆藏）

最下一只壶内装一直立浮标，上刻时辰，水逐步升高，浮标也随之上升，这样就可知道时辰。

他还学习骑马射箭，来到蒙古人的国度，见识到战马和弓箭，也不枉此行。为此，忽必烈还派了一个仆人郑宝来服侍他。郑宝是汉人，他因家乡河间府沦陷，被掳为奴，命运堪怜。马可待他很好，并不把他当奴隶看待。郑宝年少居家时，弓马娴熟，常常随父亲打猎。他指导马可怎样射箭："双手执弓，贴近右耳，右手持弓弦。然后尽量伸直左臂，向前拉弓。"他还警告马可说，射箭要戴护腕，否则松开弓弦时，手会受伤的。马可要郑宝表演骑射给他看。郑宝立即紧张地向后退缩，解释说，他是汉人，蒙古人不准汉人接触弓箭等武器，否则要杀头的。

马可正与郑宝谈论骑射，一个蒙古官员进来宣布圣旨，说忽必烈命令马可立即出席正在举行的御前会议。郑宝急忙帮马可穿上袍服。那个官员陪着马可，匆匆忙忙赶到豪华的行宫，走进了议政厅。

忽必烈身着锦绣华美的礼服，以九五之尊，坐在高出其他人的御座上。太子真金坐在他的右手下面，看见马可进来时，露出微笑。

马可虽然高度紧张，但能竭力克制住，表现得泰然自若，向忽必烈行礼。那个官员领他到大厅中央跪下，面对着围坐成半圆形的12个御前会议大臣。

忽必烈坐在半圆中间，仔细地向马可垂询他们在旅行中所经过的各个地区，御前会议的所有人目光都集中在马可身上，特别是八思巴用严肃的眼睛盯着他。在众目睽睽之下，马可聚精会神，准确而简洁地一一回答。

他详尽叙述了波斯、阿富汗、土耳其、河西走廊各主要城市的情况，还讲到了伊儿汗国与埃及的战争。

"你说你在巴达山住过一年，你把那地区的情况说说看。"说话的是一位蒙古将军，他皮肤黝黑，满面油光，身体粗壮，态度傲慢。后来马可才知道这人叫阿剌罕，是蒙古军队的统帅，日后领兵远征日本。

马可毫不犹豫地回答说："那儿的人信奉伊斯兰教。通过全境，要走 12 天路程。当地种植小麦和大麦。矿产有红宝石和大量的银、铜，那些山要花整整两天时间才能爬上去。山顶都是高原，水草富足。人们在山上饲养良马和许多绵羊。"

阿剌罕被马可对细节的描述所打动，对忽必烈点了点头。马可意识到他是在接受一场公开的考验，眼见自己光荣地通过了，不禁松了一口气。他看出真金也为他高兴。另外一个将军表示他有问题，忽必烈示意让他提问。

这个将军名叫纳速剌丁，是信奉伊斯兰教的回族人，他为人正派，是位廉洁有为的军官，后参与掌管云南的军政大事。他的父亲赛典赤·赡思丁作为一个元朝的地方官，早就很有名，历任四川、陕西、云南等地主官，政绩颇多，特别是治理云南期间，开展屯田，修建河道，传播先进耕种技术，发展生产，建孔庙，争取未臣服的酋长，使云南日趋安定，甚得忽必烈赞许。

当下纳速剌丁问马可说："从欣斤塔剌思到肃州有多远呢？"

"10 天的路程，往东北偏东走。"

"从甘州到亦集乃城呢？"

"要走 16 天，将军。当地人民靠农业和饲养牛、羊、骆驼为生。

他们也喂养最好的秃鹰。从这儿骑马向北，走 40 天，就到了哈拉和林城。"

"正是这样，陛下。"纳速剌丁说。

"朕不是对你们说过吗？"忽必烈笑着说，"他是朕的帝国的活地图——是他目睹过的土地的活地图。到目前为止，马可先生，中国的什么东西使你印象最深呢？"

"太多了，陛下，"马可热诚地说，"首先，是地大物博；其次，是纸币，用来取暖的会燃烧的石头，水时计，会在空中飞翔、传送消息的风筝。"

阿剌罕用低沉的嗓音说："这都是些表面的东西，你能发现我国那些可贵的潜在的优美事物吗？"

"是的，将军。那就是全国臣民遵守法令。而最惊人的，是公路。"

"公路？"纳速剌丁重复了一遍。

"就是信使跑过的公路、驿站，它象征着帝国的强大和稳定。"

除了八思巴外，在座的大臣都表示满意，忽必烈令马可退下。马可在退出前，迅速回应了来自真金的友好微笑。阿剌罕和八思巴都看见了这个微笑，他们迅速交换了一下不满的眼神。

从上都到大都

跟随忽必烈出猎

鼓声咚咚、锣鼓齐鸣，喧声震天。夏宫中的人们正在准备出猎。忽必烈和太子真金亲自出猎，一次出猎动用的人马与从事一场战争差不多。

郑宝对马可说，忽必烈为了供自己狩猎行乐，围了一块很大的草木区域为御用猎场，里面养着野猪、野兔及各种各样的猎物，平民百姓禁止在御用猎场狩猎，违禁则严惩不贷。还有一道命令，禁止全国臣民在每年三月至十月间捕杀野兔、獐、鹿三类动物或任何其他大鸟。这种命令的用意在于保护鸟兽的繁殖增长。

忽必烈养有一些猎豹，由训练者用结实的皮带牵着，不时发出吼叫，它们的利齿能把一切撕得粉碎。忽必烈常利用猎豹或狮子猎取野猪、野牛、驴、熊、鹿、獐和其他走兽，同时还豢养了许多鹰、隼。它们犀利凶猛，有些被专门训练来捕狼，不管多大的狼，都逃不过它们的利爪。

当皇帝出发狩猎时，万名驯鹰师随行，携带大批的鹰、隼。皇帝的狩猎活动的特点是分路搜捕，把随从分成许多小分队，往各个方向

元代刘贯道的画作《元世祖出猎图》

《元世祖出猎图》中的持鹰猎人

进行狩猎活动，大部分猎物都要呈交皇帝。属于皇帝或王公贵族的每一只鹰，脚上都系着一块小银牌，上面刻着主人和驯鹰师的名字。有了这种预防措施，一旦把别人的鹰收回来，一看就能分辨这是哪一家所有，立即物归原主。驯鹰师把鹰放出后，不必走动，只需坐等鹰飞回。另外有一些看守员，必须跟随这些鹰前进，防止它们飞到不安全的地带。

跟随皇帝狩猎的猎犬不下5000头。猎犬主要用于围猎，队伍从不同方面合拢，任何野兽都难逃罗网。当皇帝和妃子们在围场内看到猎人奋勇搏击，鹰犬迅速追逐，从四方八面追捕着鹿、熊和其他动物的情景，他们该是多么高兴啊！

皇帝出猎时，有时为了讲排场，并不骑马，而是乘坐在大象上。四头象载着一个名叫"宝盆"的木制亭子，他就坐在这样的精雕细镂的亭子里，外面挂着狮子皮。簇拥在皇帝两旁的骑马人，当看到鹤或其他鸟类飞近时，便禀报皇帝。这时，皇帝拉开门帘，当他看见猎物时，就命令放出隼或秃鹰。皇帝躺在木亭内的睡椅上，观赏这种放鹰捕鹤的情景，十分开心。

这次狩猎的准备工作历时很久，开始天空乌云蔽日，像要下雨的样子，于是一些僧人竭尽全力使天气好转。他们头戴尖顶帽，上面插着鹰的翎毛，脖上挂的小镜和护符在胸前摇晃着。他们围成圆圈，有节奏地走动着，同时敲着他们的金属鼓。其中有些人时而用力蹦跳着，好像想用拳头去敲击乌云，将它们驱散。

难以控制的滚滚乌云被驱散了，灿烂的阳光照耀着帝国的蔚蓝天空。太子真金骑在一匹漂亮的纯种白色骏马上，蒙古贵族武士和太子的猎队簇拥在他周围。真金滚鞍下马，看见了马可，就招呼他过去。

马可走上前去，人人都注视着他。郑宝忸怩地跟在后面，牵着他的马。真金指着身旁的地方，示意马可站在那里。马可鞠躬致谢，郑宝站在马可身后。众多乐师吹奏起乐曲，宣告皇帝驾到。忽必烈和八思巴从行宫里走出来时，一排排等待着的王公贵族们双膝跪倒，迎接陛下，以示敬意。马可跪在真金的右边，娇贵的小王子铁穆耳跪在真金的左边，野心勃勃的将军阿剌罕跪在小王子的旁边。真金见自己的儿子与阿剌罕关系密切，十分烦恼。

八思巴走过去和那些僧人们讨论占卜的结果。不一会儿，他转身向忽必烈禀奏："征兆大吉，天神护佑陛下出猎顺利。"

忽必烈将双臂举到空中，登时又是一片锣鼓声、喇叭声的欢腾喧嚣。这次打猎的猎场不远，忽必烈没有骑乘大象。马夫牵着一匹雪白的千里驹走到台阶下面，忽必烈轻快地上了马。他率领着一支狩猎行列，浩浩荡荡地开往猎场。他戴着长手套的手腕上，站着一只秃鹰；马的后背上蜷伏着一匹小猎豹。

狩猎队到了野外，随从们敲着铜锣，噼里啪啦打着竹竿，一小群鸟从隐蔽的树丛中，被轰了出来。忽必烈解开手中的秃鹰，放它飞向天空，去追逐猎物，这是一个信号。其他的秃鹰也开始被放出来，它们振翅起飞，狩猎真正开始了。

猎犬的低沉叫声惊动了树丛中的鹿群，它们冲了出来。蜷伏在忽必烈身后的猎豹，原来样子很温顺、驯服；此刻却在主人的命令下，生气勃勃，一跃而起，追逐着猎物。其他猎豹也从车后的笼中被放出来。它们动作优美，行动敏捷，令人难以置信，马可看得目瞪口呆。骑马者用马鞭驱动着坐骑前进，剩下的秃鹰也急速地飞向天空。整个狩猎场现在全面沸腾了。上千匹骏马，上百头猎犬，雷鸣般呼啸着，人欢马跃，一口气冲过了展现在眼前数百米宽的地带。一片喧声惊天动地。野兔、雄鹿和鸟群，都从隐蔽处窜出来。蒙古人的箭速度极快，几乎人人箭无虚发。

马可和真金纵马疾驰，接连跑了几个时辰。他们走了很远，都觉得累了。之后，他们策马转进林中一片空地上，勒住了马，站在一棵大树的茂密垂枝阴影下。这儿寂静、凉爽，他们对能如此舒服的休息而感到高兴。远处，沸腾的狩猎、喧嚣追杀之声不时传来。真金的狩猎队和郑宝，以短跑冲刺的速度，穿过了灌木丛，跑得上气不接下气，才找到了这块林中空地。郑宝从腰间解下装水的皮囊，双膝跪下，将水囊献上。真金摇摇头，马可却喝了个痛快。更多的太子狩猎队员跑了过来，有的带着野兔和野鸡，有两个狩猎人用一根长竿抬着一头雄鹿。

"马可，你看！"真金指着一头疾驰过去的野猪。"散开！"他向狩猎队下令。

"往这边赶！"马可大声喊叫。

狩猎队冲进灌木丛，追赶着这头野兽。它低沉地咕噜着，狂怒地尖叫着。马可和真金迅速挑好了箭，及时搭箭拉弓。但是，正当野猪冲过灌木丛，折回到这块空地上时，他们两人的箭都没有发射。突然，真金丢下了弓，双手抓着喉咙，好像透不过气来似的。他翻着白眼，发出一声喊叫，就从马背上沉重地摔在地上。

"太子殿下！"马可惊慌地喊叫。

马可从马上跳下来，看着真金躺在地上，身体痉挛，口中发出一种奇怪的呻吟声。郑宝和其他人正在一心追赶那头野猪，没有听到马可的呼救。马可跪在这扭曲、翻滚的身体旁边，慌忙解下皮带，尽量将皮带强制塞进太子真金的嘴里，让它隔开上下牙齿。痉挛更厉害地折磨着真金，他嘴里往外喷吐着白沫。当其他人回到空地上时，马可要求他们赶快搭个担架。但是，那些人竟然转身逃跑了，马可大为吃惊。只有忠厚的郑宝留了下来，保持着一个安全的距离。

"郑宝，快来——我这儿需要帮忙！"马可高喊。

"不，不……"郑宝喃喃地说，一面向后退着。

尽管马可招呼他，他还是被他所看到的情景吓得头也不回地跑掉了。马可抱着真金，支撑着他。第一次激烈的发作已经平息下来，真金的身体已不再剧烈地角弓反张了，只是还在不断地颤抖。马可猛扯开真金的衣领，抚摸着他湿漉漉的前额。"现在好了……我不会离开你的，"他安慰真金，"尽量放松些，现在一切都过去了……"

当他努力使真金平静下来时，御林军巡逻队快马冲进了这块空地。他们一看见现场的情景，就有两个人扑向马可，粗暴地将他拖开。同时其他人围着皇太子真金站成一个保卫圈，一个个剑拔弩张。负责护卫队的官员下令，将真金的马牵进保卫圈。

"不！不要动太子殿下！"马可警告说，"他可能会再犯病的！"

挟持马可的卫兵，反而更凶猛地揪着他。他们粗暴地推他跪在地上。一个人抓着他的头发往前拉，他的伙伴举起了剑，准备要砍马可的头。

"住手！他的生死应由陛下来决定！"有人喊道。

马可听出了是纳速剌丁的声音，不禁松了一口气。

太子真金的病

`

忽必烈大踏步走来走去，毫不掩饰他的怒气。马可在他面前用单膝跪下。厅堂里，只有他们两人。

"之后呢？"忽必烈突然问。

"我把皮革硬塞在他的牙齿中间，免得他把舌头咬断。"

忽必烈突然向后退，一愣，问道："从前有人对你说过我的儿子患有……这种疾病吗？"

"没有，伟大的陛下。"

"你可知道那是一种什么病吗？"

"我在威尼斯的一所学校上学时，一个同学得过同样的病。我见过他犯病。"

忽必烈站住了，俯视着他，强压下了自己的怒火，接着沉重的悲哀代替了愤怒，也夹杂着恐惧。在决定是否信赖马可之前，他久久地凝视着马可。

"最近有一次，他感到他的病快要发作，就来到朕跟前。我们单独在一起。除了他的母亲以外，没有人知道这件事，甚至真金自己的儿子也不知道。"他的声音变成了嘶哑的低语，"有的人过去知道他有这种病，还都以为他已经痊愈了——直到今天，他们都是这样想的！你懂了吗？这是朕最大的秘密。"

"肯定是的，"马可天真地说，"甚至我的父亲也不曾听说过。"

忽必烈愣住了，问："你对他说过了吗？还有你的叔父？"

"他们不知道出了什么事。"马可这样说，一点也没有意识到，他稍一说错话，就可能危及尼哥罗和马窦的生命。

"告诉你，不准去对任何人说起这件事！"

"除了我的父亲和叔父，我不会去对任何人说的，伟大的陛下。我不知道这件事为什么要保守秘密。纸是包不住火的，人们早晚都会知晓的吧。"

"可能会的，"忽必烈叹了一口气，"他们甚至可能会同情他。但是，一旦大家都知道了这件事，太子死于同胞手足的风险，就比死于疾病的风险要大得多。"

"我不理解……"

忽必烈转过身去。"你想朕为什么要把真金留在身边，而让其他的儿子去治理他们自己的封地呢？为的是不让他们在一起密谋争夺皇位！如果他们怀疑到真金有任何弱点，那么，在朕百年之后，先祖成吉思汗所建立起来的帝国就会被他们搞得四分五裂，就像饿狼撕裂一头牛一样！"忽必烈停下来，放低了声音说，"朕的侍卫已领旨，凡目睹太子发病，或不管任何原因知道太子有病的人，一律立即处死。"

马可最后才算明白大祸临头了，他身不由己地站了起来："我的父亲和叔父……"

忽必烈铁面无情地说："过去我宠幸他们，但是在这件事上也不能格外开恩。"他停下脚步，"还有你的仆人。"

"郑宝？"马可像又被戳了一刀。

"一旦抓获，和其他人一起处死。"忽必烈说。

马可听了，惊得呆若木鸡，半晌动弹不得。

忽必烈继续说："还有你。起码你没有请求朕的饶恕。如果你早就请求饶恕，事情就好办一些——因为真金发病时，你曾尽力帮助他。但是，朕知道现在你在心里是瞧不起朕的儿子的。"

"我并没有瞧不起太子殿下。"马可抗议说。

"朕要你闭嘴。"忽必烈冷酷地说。

"太子殿下是我的朋友！"马可不怕杀头，继续陈词，而且十分镇静，"陛下提到这种病，就好像它是麻风或其他什么恶疾一样。其实这种病很普通，许多赫赫有名的人物都得过，亚历山大大帝就是一个。还有古罗马最高贵的铁腕政治家恺撒大帝……"

忽必烈不胜惊讶："亚历山大？恺撒？"

"得这种病很痛苦，但并不会致命，对他们一生的伟业没有任何影响！"马可直率地说。

"但他们两人是盖世英雄，全世界的人都推崇他们。"忽必烈注视着他，"噢，他们两人都得过这种病？"马可说："我在学校时，安东尼老师对我们说过。他说，得了这种病，没有什么可羞耻的。在古代，人们认为这种病是伟大的标志。"

"朕的儿子身上有伟大的标志？"忽必烈耳语一般地呓语。

马可忽然意识到自己在站着说话，是失仪的，遂立刻跪倒在地。

他的心扑通扑通地跳着，几乎都能听到自己的心跳声。他不知道，自己怎么敢这样直言不讳。沉默在持续，好像过了一个世纪。

"马可先生，平身……"他听到忽必烈平静地说。马可抬起头来，看见忽必烈正招呼马可跟着他。他们向门口走去，大步走到外边。门外守卫的卫士们立刻下跪，八思巴也上前鞠躬。忽必烈挥手，制止了"国师"八思巴，在侍卫长身旁停下。"从今日起，马可先生在朝廷准其随时进宫面君，他的命令必须遵守，不得有误。"

"遵旨，陛下。"侍卫长带着不加掩饰的惊讶说。

忽必烈下一步要做的事，显然是做给八思巴看的。他转身对着马可，脸上的笑容隐约可见。"你好像丢了你的佩带，马可先生。"

"是的，伟大的陛下。"

"就拿这根做替代物吧……"

忽必烈从自己腰间解下一根银质佩带，送给马可。佩带上镶嵌着一些红宝石，还挂着一把小小的匕首。马可受宠若惊地接过佩带，鞠躬谢恩。

一时间，八思巴简直难以相信眼前发生的事，但他就像深谙世故的朝臣一样，立即恢复了常态。他问忽必烈是否需要召集僧人驱散乌云，准备明天的狩猎活动。

"不必！"忽必烈宣布，"狩猎已经结束。起驾返回汗八里去吧。"

汗八里指大都，即今天的北京。八思巴离去，下令准备起驾回京。马可向忽必烈谢恩后，请求去探望真金。很快，他就被引进察必皇后的寝宫，看见真金正躺在卧榻上。察必皇后满面愁容，小心翼翼地照顾着真金。

参加蒙古皇族的祭神大典

忽必烈起驾回京前，要举行蒙古民族传统的祭神仪式，由僧人主祭，佛教徒和景教徒在一旁协助。祭品主要是纯种白马的马奶。白马是成吉思汗至高无上的权威象征，只有皇族子孙才能骑上白马，才被允准喝白马的奶。

参加祭典的有忽必烈、皇后、皇太子、小王子铁穆耳以及许多嫔妃和王公贵族。这些人都坐在祭坛边的台阶上。在忽必烈的对面，稍低的台阶上坐着八思巴、阿剌罕、纳速剌丁和御前会议的其他大臣们，往下就是一般的官员和朝臣们。马可被恩准坐在王公贵族的台阶上，与皇太子坐在一起。他父亲在对面不显眼的位置上用忧心忡忡的目光注视着他，儿子的突然显赫，使他心中惶惶不安。"我们在这里是外国人，不要做出头鸟，树大招风啊！"他暗自思忖道。

尼哥罗的担心是有道理的。这时，小王子铁穆耳就用怀疑的眼光打量马可，因为他听说，他的父亲被这个伪装成朋友的外国妖人所蛊惑了。而八思巴和阿剌罕等则用带着敌意的眼光盯着马可。阿剌罕尽量对铁穆耳施加影响，使他抵制父亲。八思巴认为基督教是邪教，强者是不会中邪的，由于真金体弱，所以容易被基督教邪说所左右。他还认为，忽必烈和察必皇后相信基督教邪说并不要紧，因为他们只是以基督教为儿戏；但太子真金是个天性纯良的人，相信什么就全心全意地相信，这样下去，将对把喇嘛教定为国教的方针大大不利，因此，阿剌罕和八思巴两人决定尽量消除马可对真金的影响。

祭典开始后，僧人们登上祭坛，站在神龛前面，齐声吟唱祷词。主持往祭坛上的一个很大的金碗里倒马奶，直到马奶快要溢出为止；然后双臂高举，唱祝祷词。

唱完，他将马奶倒进银碗里，献给皇帝、皇后、皇太子及诸王公贵族。忽必烈领头走到祭坛前，把手中的马奶倒一点在地上，然后一饮而尽。与此同时，主持拔下大金碗碗底的塞子，让马奶像小瀑布一般倾泻到祭台上，四处流去，渗进干燥的土地。

上都夏宫的繁华热闹气氛马上要告一段落了，人们将帐篷拆卸下来，毡毯全部卷起来，竹宫也拆除了，家具什物也包捆好了，准备运往大都。忽必烈带领众人，起驾朝京城进发，一路上打扰百姓，弄得鸡犬不宁。

真金和马可并马徐行。他们走到长城边时，真金指着巍然屹立的灰色城墙说，长城修筑于1000多年前，是秦始皇为防御匈奴骚扰而修筑的。真金还说，长城是几十万奴隶和囚徒修筑的，有不计其数的奴隶死于长城脚下。传说有一个美丽的女人，叫孟姜女。她的丈夫被抓到长城服苦役。孟姜女最后一次万里寻夫，来到长城。她发现丈夫已经死于苦役，她悲痛欲绝，号啕大哭，感动得长城也裂开了一条缝。

马可听了，感触很深。原来，在东方世界，普通人的生命同样不受重视。他想起了不久前听到郑宝已被处死的消息，由于他知道太子有病这个机密，皇帝就不容许他再活在世上。马可为郑宝的死感到内疚：如果他被派去侍候别的主人，他可能还活着。

因为郑宝是汉人，蒙古人可以随意杀他，像杀死一匹牲畜一样。蒙古人对被征服者是十分残忍的，郑宝不过是无数落入他们之手的死者中又增加的一个死者罢了。蒙古军进入中原之初，实行残暴的屠杀政策。其攻城略地之法：每攻打一个大城，必先抄掠旁近小镇、村落，驱迫人民充当炮灰，不惜用数万人的性命来攻城。城内百姓，只要进行抵抗，城破之日，除工匠外，不问男女老幼、贫富逆顺，一律杀尽，名为屠城。除此之外，还把大批掳掠来的或投降的人民迁往漠北。百姓路上受冻挨饿，死者不知有多少；到漠北后，因游牧经济无法供给这么多人吃饭，饿死的达百分之七八十。

但是，蒙古统治者逐渐认识到，在民丰物阜的中原地区实行这种灭绝人口的做法，不仅行不通，而且对蒙古统治者也是不利的，因为农业人口所能提供的财富要超过游牧畜牧业，消灭人口就等于断绝了自己的剥削来源。于是蒙古统治者从实际所获利益出发，逐渐改变其屠杀政策，转而采取让被征服人民仍留在当地继续从事生产以供剥削的政策。

太子真金告诉马可说，自从他父亲受命主管漠南汉地之后，采取了招抚流亡、禁止妄杀的政策，扭转了中原社会经济严重倒退的局面。

在目前用兵南宋的过程中，忽必烈一再命令不准蒙古军队恣意屠杀百姓，有犯禁者以军法处置，对战俘也不用杀戮或掳为奴的办法，而是主张释放。全靠忽必烈的以汉法治汉地的新政策，在中原地区，过去那种人民逃亡、农田荒芜的现象才得以改变，经济得到恢复，所以才有今日这种繁荣景象。

太子真金自幼受汉文化熏陶，他喜爱汉文化，提倡儒学，但大多数蒙古贵族只知道享用中原的物质财富，役使汉人为自己服务，而不愿学习比较艰深的汉文化。他们很容易相信巫师的卜筮，精通卜筮的耶律楚材，就曾得到成吉思汗的重用，大受蒙古人欢迎，特别是藏传佛教，更适合蒙古贵族的口味。儒家的仁义道德的说教，蒙古人听了昏昏欲睡，而藏传佛教却令他们感兴趣。所以八思巴在忽必烈朝备受尊崇。太子真金深谙汉学，知道汉学的广博精深，因而不那么信任八思巴。太子真金对一切宗教都采取宽容态度，而八思巴企图让藏传佛教成为国教，进而使元帝国成为吐蕃那样的政教合一的国家。八思巴知道如果真金继位为皇帝，一定会大力推行汉法，重用汉人，提倡儒学，这么一来，藏传佛教就没有市场了。所以，八思巴支持保守的蒙古贵族，努力削弱真金对政局的影响。八思巴还企图唆使小王子铁穆耳反对真金，他认为，如果由铁穆耳代替真金继承皇位，他就可以轻而易举地控制他。

真金对马可说，他目前对许多事情看不惯，但又无能为力，他必须尊重父皇的主张，不能与父皇发生冲突。他说道："我只有在父皇百年之后，才有希望继承皇位。但是，当我即位时，我首先要做的一件事就是——教导全国臣民，我们是一个国家的骨肉同胞。我们未来唯一的希望就是：有一天，蒙古人不再被人认为是游牧民族和侵略者，而是同一母亲——中国所生的儿女，都是华夏的后裔。"

真金还对马可说，现在有千千万万的汉人为朝廷服务，但汉人没有官居显位的；许多汉人沦为蒙古人的奴隶，叫作"驱口"，他们大部分是战争中掳掠来的人口，地位与牛马相差无几。真金说他如果上台执政，首先要废除这种制度，废除"驱口"。

真金还说，现在所有的政府要职都封给蒙古人，或封给对朝廷忠心的西域各地的人（蒙古人称之为色目人），例如纳速剌丁就来自西域，生在布哈拉。而西域人做官做得最大的是阿合马，他是宰相，当父皇不在大都时，他就代理朝政。

权臣阿合马

阿合马出生于花剌子模锡尔河畔的费纳克忒城。他原是一个不出名的小官，因兴办矿冶、整顿盐政等颇有成绩，受到忽必烈重用。1262 年，他领中书左右部，兼诸路都转运使，专门掌管财赋大权。当时忽必烈急于找一位懂得生财之道、善于经营的人，来整顿混乱的财政和税收，为南下中原提供必不可少的物质基础。所以阿合马这样具有理财才能的人就被选中了。

阿合马的青云直上与朝廷内的派系斗争有关。元朝时期，回族商人是经济生活中一股活跃的力量，以色目人为主的理财派是政治生活中一支重要的势力。色目人中的有理财才能的人，往往掌握蒙古语甚至多种语言，擅长交际和理财，王公贵族们很需要这些人为他理财与赚钱，因为征战、赏赐和贵族的奢侈生活都不断地耗去大量财产，长此以往将入不敷出。但是，色目人的理财派在朝廷中往往与蒙古贵族中的守旧势力结合在一起，与主张推行汉法的势力进行斗争。"李璮之变"后，忽必烈猜忌汉人，因此，色目人逐渐获得忽必烈的重用。其中，首占要位的就是阿合马。

阿合马掌握财权后，决心利用一切可以利用的办法，迅速增加经济收入，以取悦忽必烈。首先是追征赋税，凡过去因自然灾害和战争等减免或未交的赋税均极力追征。不论僧道军民户，一律不得免税。这种苛重的赋税政策造成几十万人逃往江南。其次是实行官办矿冶政策。将铁冶业改为官办，由官府控制，由官方制造农具向农民出售，禁止私造农具。此外还实行盐法和钞法，即缉查私盐和发行无本纸钞。阿合马的这一系列理财措施，充实了国库。1264年，忽必烈升开平府为上都，任命阿合马为同知开平府事，同年拜为中书平章政事（元代中书省总领天下政务，是中央最高行政机构，平章政事是中书省重要长官），进阶荣禄大夫。1270年，设立尚书省，又以阿合马为平章尚书省事（这时的尚书省掌有全国政柄，权力超过中书省，除管理财政外，还统领六部及全国行省）。忽必烈经常夸赞阿合马理财很有成绩。阿合马善于察言观色，揣摩皇帝的心理，用尽巧智和手段去满足皇帝的欲望。因此忽必烈极其重用他，授以权柄，言无不从。

阿合马掌握大权后，就千方百计安插了大批心腹于朝廷各要害部门，有的甚至位至显宦。他不但为四个儿子和两个侄子安排了重要的位置，还让自己的家奴忽都答儿等人掌管兵权。阿合马权高势重，以致不少大臣畏惧其权势而阿附于他，一些文人也纷纷为阿合马歌功颂德，更有许多商贾为了得到官职而向他行贿。有些人为了当官竟把妻子或姐妹献给他。这些投靠他、贿赂他的人，或大或小都可以得到官职。阿合马还强占大批良田，私田多到数千顷，牛马牲畜数千头。他还依仗自己的理财特权，派人经商，从中获得巨额财富。

朝廷的军事、兵事、民事大权都归阿合马把持，国家的一切政务、官职的升迁、罪犯的量刑等等都要经过阿合马。

阿合马权倾朝野，引起一些大臣担忧。特别是，阿合马大肆排挤汉法派官员，摧毁汉法派的改革成果，以尚书省的力量控制了以汉法派为主的中书省，多次建议撤销汉法派掌握的御史台（御史台是最高司法机构），使汉法派感到他们的已有成果有丧失的危险，于是，汉法派官员史天泽、张文谦、廉希宪、许衡等纷纷起来与阿合马作斗争。但阿合马把汉法派的核心人物安童排挤出朝廷。汉法派失去靠山，势力薄弱，便站在皇太子真金的旗帜下与阿合马进行斗争。真金从小接受儒家教育，认同汉法派的主张，对阿合马的所作所为极为不满，特别是一些汉法派大臣被阿合马迫害致死，令他十分愤怒。

有一天，真金气不过，用弓敲击阿合马的头，并划破他的脸。上朝时，忽必烈问阿合马脸上何以如此，他不敢把事情讲明，假称被马踢伤。正好真金在一旁，立即责备他心中有鬼，不敢言明自己是被太子所打，并当着忽必烈的面，拳殴阿合马。忽必烈一再制止，真金才罢手。尽管阿合马骄横跋扈，但很惧怕皇太子。

美丽的元朝首都

马可随着大汗的队伍走进了当时世界上第一大城——大都。大都的宫殿比上都的更漂亮、更雄伟。他从未想到大都会如此宏伟广阔。

大都有三层城郭，分外郭城、皇城和宫城，外郭城墙用夯土筑成，是南北略长的长方形。这个城墙像一个框子，四四方方地把城市围在当中。它的总长度达 40 公里。城墙脚宽达 10 米，由下至上逐步变狭，顶部宽达 3 米，整个城墙高 10 米左右。每隔一定距离，有一道巍峨的城门，全城共有城门 11 座：南面自西向东是顺承门（今西单南）、丽正门（今天安门南）与文明门（今东单南），北面自西向东是健德门（今德胜门小关）、安贞门（今安定门小关），西面自北向南是肃清门（今学院路西端）、和义门（今西直门）与平则门（今阜成门），东面自北向南是光熙门（今和平里东）、崇仁门（今东直门）与齐化门（今朝阳门）。每道城门上矗立着一座华美的建筑——箭楼。

两道城门的中间也有一座箭楼，楼内有收藏武器的大房间。

真金告诉马可，大都是一座历史悠久的城市，辽代和金代都先后在这里建都。大都原名燕京，1264 年，忽必烈下诏改燕京为中都。

元大都示意图（见中国大运河博物馆编《大都：元代北京城》，
江苏凤凰文艺出版社2023年版）

1267 年，正式定都于此。1271 年在正式确立国号"大元"的同时，改中都为大都。因卜算家说旧城的契丹人可能叛乱，忽必烈于 1267 年下令对大都重新改建，在辽金旧城的东北处重建新城。改建工作由工部尚书段天福和也黑迭儿主持。大都的设计非常大气和美观，街道十分整齐笔直，画线有如棋盘，此端可见彼端。城内有南北的主干大道，大道的东西两侧有等距离的胡同。马可进城时，看见有些改建工程还在继续进行。

都城的中央，耸立着一座高楼，上面悬着一口大钟，每夜鸣钟报时。第三次钟响后，任何人都不得在街上行走。夜间，有一队队的巡逻兵，在街上巡逻，防止百姓犯宵禁。

但在城门外的城郊，日夜行动较自由，所以居住在城郊的人数超过了都城的居民数。从城门算起，近郊居民点的长度延伸六七公里之远。在近郊，距城门 1—2 公里的地方，建有许多旅馆或招待骆驼商队的大客栈，

迦陵频伽陶立像，元大都遗址出土
（首都博物馆藏）

为来自各地的商人提供住宿。旅客按不同的国家、种类和地区，分别下榻在不同的旅馆区。因此，近郊形成了一些特殊的街道，如波斯街、吐蕃街、印度街、南蛮街等等。忽必烈的队伍来到时，都城内外的百姓都涌上街头，摆着香案，跪迎皇帝的到来。到处都搭着系满彩绸和松枝的木牌楼，五彩缤纷，美不胜收，弦歌之声，不绝于耳。马可看见，在欢迎的人群中除了蒙汉两族人外，还有印度人、阿拉伯人、吐蕃人和朝鲜人。

马可随大队走入皇城，又是另一番截然不同的景象，宫殿式建筑和园林，与外城刷成灰色的四合院民房形成显著的对比。皇城位于全城南部的中央地区，东墙在今地安门南。皇城内人口较少，住的都是贵族，比较清静，其西半部有隆福宫、兴圣宫和太液池，太液池内的风景点有琼华岛、瀛洲和万寿山等。万寿山由玲珑石堆垒而成，峰峦隐映，松桧隆郁。

大都的中心区是宫城，这是一座惊人宏伟如高地堡垒一般的宫殿，四周建筑着高大、牢固、厚实的墙，在四面墙角上，矗立着华美的角楼，用作武器库。前面有5座高大的城门，中间一座专供忽必烈本人进出。

宫城内的景象和城墙外对比，又有天壤之别。这是皇宫内院：雄伟、华丽而高大的圆屋顶全是金色的琉璃瓦，廊柱漆成朱红色，闪闪发光，墙壁是大理石砌成的，地面也是大理石铺成的，还有许多小花园。

宫廷挤满了王公贵族、文武百官和他们的家眷，人人都服饰华丽，保持肃静，与外城的喧闹形成明显的反差。佛教徒、景教徒分组伫立，卫士、旗手和乐师在各自的位置上恭候着。摄政王、第一大臣

元代琉璃脊饰残件（首都博物馆藏）　　　元大都遗址出土的蓝琉璃吻兽
（首都博物馆藏）

阿合马，站在宫廷的正中央。

皇帝一走进宫廷，锣鼓和喇叭声就震天响起来。人人低头弯腰，诚惶诚恐。忽必烈下了马，把白马缰绳交给侍卫，就大步地向阿合马走去。阿合马手捧象牙嵌金的权杖，权杖尖端饰有牦牛尾。他身材高大、瘦削，气宇轩昂，精明强干。他在忽必烈面前跪下，恭恭敬敬地呈上权杖。交了权杖，就是上交了在忽必烈离京期间，凭此杖所代理的权力。然后，阿合马将脸贴近大理石地面，伸出脖子，让大汗踩上一只脚。这是表示完全臣服的大礼。

交接仪式一过，阿合马就领着波罗三人到了他位于皇城内的府邸，走进一间宽敞的便室，他才能向尼哥罗和马窦表示个人的热烈欢迎。他紧握他们的手，微笑说：“朋友们！欢迎你们回到大都——真是阔别多年啦！看到你们，真是高兴啊。”

“再没有比我们见到您更高兴的事了，大人。”马窦说。

阿合马的黑色眼睛带着笑意，转向马可："这就是我听人说起的那个很有出息的小伙子吗？"

"他是我的儿子，"尼哥罗自豪地介绍，"我跟你说起过，马可，阿合马大人是我们在这里的保护者和大恩人。"马可鞠了一躬。

"我希望还是朋友，"阿合马咯咯地笑着说，"你的父亲和叔叔精通商业，会做生意，要找到像他们这样能干的顾问，可是不容易的事。年轻人，他们是你的表率，你需要向他们学习呀！"

"大人，我的这些本事都是向他们学来的。"马可说。

"说得好！"阿合马转身向两个兴高采烈的商人说，"你们原来在我的部门的职位，自然还由你们担任。你们手下的人员已经扩充，你们的业务将会发展，特别是丝绸和香料方面，这会令你们感兴趣的。"

"我们在旅途中，已和许多国家的商人建立了有价值的联系，"尼哥罗说，"我的儿子都作了记载。"

"好极了！陛下征服南方以后，我们做生意和开辟新市场的机会更多了，新的货源也会更加充足。"他看着马可，摊开了双手，表示歉意，"我也会给你一个职位，或许当你父亲的助手。但是听说，你已经是太子真金的侍从了，对吗？"

"是的，大人。"马可回答道。

"不过！"阿合马继续说，"要记住，我是你父亲的朋友。如果你需要我帮忙，就直接来找我好了，千万不要有什么顾虑啊。"

参观元朝天文台

皇城十分壮丽，十分广阔，使马可想起了他曾经在梦中见到的乐园。宫殿豪华，每一座都装饰得金碧辉煌，挂满了富丽堂皇的帐幔，摆满了最珍贵的陈设。马可的住所靠近真金的宫殿，非常舒适、优雅，他从来没有住过这么漂亮的房子，真金特意派人送来一套新家具。马可最喜爱的物件，要算察必皇后赠送的礼物了。那是一个透明的线条精致的淡蓝色花瓶，是来自神秘的岛国——日本国的一件艺术珍品。

马可和真金友谊不断加深。他俩常到察必皇后那里去请安，皇后爱听马可讲故事。马可也常常见到忽必烈，他的聪明睿智和宽宏气度，给马可的印象越来越深。忽必烈喜欢让马可在清晨和他一起骑马，并询问马可关于欧洲各王国的历史，各国之间的关系和地理概况。

马可和宫廷绘图员一起，仔细审查他所经历的旅程，校正地图上错误的地方，使它符合现在的情况。他尽心竭力满足皇后信奉基督教的迫切要求，提高忽必烈对教皇的兴趣。他最大限度地完成了教皇的嘱托。

有一天，真金微服出访，带领马可去百丛山，这是一个逐层上升的宝塔式地方。汉人喜来此地占星卜卦。在中国，算命是一项备受人欢迎的事情，它基于对星相的广泛研究，有数千年的历史。

马可到了最高层，等待向占星术士请教。真金告诉马可，这里是大都的最高处，许多有学问的星相家都来到这里，更近地观察日月星辰。这里最有学问的天文学家郭守敬认出微服出访的太子真金，亲自出来迎接。郭守敬在真金面前可以与他平起平坐，因为他是真金的老师——王恂的同窗。忽必烈对郭守敬也十分敬重。

真金曾向马可介绍过郭守敬的生平和成就。

郭守敬是忽必烈网罗到的汉儒中最有真才实学的一位，他不仅精通儒学，而且是自然科学家。他从小具有发明天赋，喜好自己动手制作各种器具。他的祖父郭荣，学识渊博，精于数学、天文和水利知识。郭荣有个好友名叫刘秉忠，博学多才，尤其精通天文、地理、律法等知识，青年时代，因怀才不遇出家为僧，同时与老友张文谦等人一起在紫金山读书。郭荣就把年仅十几岁的郭守敬送到他们那里，向他们学习，这使郭守敬在天文、数学方面受益匪浅。可以说，对郭守敬成才影响最大的人是刘秉忠。

忽必烈是有雄才大略的改革家，他决心按照中原封建王朝的"汉法"来改造蒙古。他重用汉人，张文谦、刘秉忠、姚枢等都得到他的重用，成为他的智囊团。在经济上，他"以农桑为急务"，1261年设立了劝农司，任命姚枢为大司农；1262年，他为了发展农业，决心整治全国河道，兴修水利，请大臣们引荐各种懂得水利的人才。张文谦向忽必烈推荐了郭守敬。

忽必烈在上都接见了郭守敬。他向郭守敬询问了有关水利方面的问题。郭守敬根据所学的知识和实测情况，立即提出了六条建议。第一条建议是修复从北京到通州的漕运河道；之后的三条是有关城市用水、灌溉渠道和地方水利建设的建议；最后两条是关于中原地带水源的合理利用和黄河北渠道建设的建议。这些建议有利于农业的发展，也是切实可行的。忽必烈很赏识，于是任命郭守敬为管理各地治河工程的官，主管水利事务。1264 年，郭守敬随张文谦到西夏视察水利设施。以后在他的主持下，宁夏地区大小 80 条河渠得以修复，900 多万亩田地重新得到灌溉，为西北地区农业生产发展提供了有利的条件。

早在元朝统一全国以前，刘秉忠就提出要修改历法，因为辽、金以来沿用的历法已经使用很久了，误差越来越大。于是，忽必烈派王恂和郭守敬主持修订历法。但是历法的根本在于测验，而测验的关键是仪器。于是，忽必烈命张文谦等人协助王恂和郭守敬等人制造仪器，并派官员到全国各地 27 个观测站进行观测工作。郭守敬、王恂等人经过四年的努力工作，改制和创造近 20 种天文观测仪器，最后制定了著名的《授时历》。郭守敬负责创造和改进简仪、仰仪、高表等观测天象的仪器。

当下，郭守敬陪同太子真金和马可参观那些稀有的观测天象仪器：观测天体赤道坐标的简仪，大大小小的浑天仪，还有一根奇特的安放在三脚鼎上的长铜窥管。郭守敬看到他们兴致勃勃，就将架在轴上的窥管转过来，对准湖的对面树木茂密的区域。

"你能看清那边的东西吗？"郭守敬问马可。

马可用肉眼眺望，但是由于太远，无法看清。

"从这儿往里看看。"真金指着窥管说。

马可从长管较低的一头往里窥看。起初，他什么也看不见。但是当郭守敬调整了透镜时，他惊讶得大喘了一口气。通过窥管，他突然看到远方丛林的一角，特别清晰。一个人在林间小道上纵马疾驰，一面小旗插在他的身上，这是代表皇帝的颜色。那人正在策马扬鞭。

马可敬畏地摸着铜管。几个月前他还认为，这样的东西不过是一种魔术。现在他懂得了，这就是科学。

太子真金和马可回到宫城，就受到忽必烈的责备，因为他们擅自微服出行，给保卫人员的工作增添了困难。在闹市中，不管便衣护卫和忽必烈的秘密耳目如何有本领，也难保太子万无一失。马可立即向忽必烈承认了错误。忽必烈要他将功补过，作为朝廷的使臣，到南宋京城临安走一趟，送一封劝降书给南宋的皇帝。马可开始有点犹豫，因为他对中国南方不熟悉，兵荒马乱，很不安全。忽必烈给他吃了定心丸，告诉他有一个学识渊博的汉人与他同行，还有武装卫队护送。马可见事已至此，已不好推托，便说："我很感谢给予我这个机会来报答陛下的仁慈，我唯一担心的就是可能有辱陛下的使命。"在旁的阿合马赞许地说："你的担心正是你成功的保证。"于是马可踏上了往南方的路程。

临安落日

昏庸无能的宋理宗

马可出使以前，首先向太子真金等人详细询问了蒙宋战争的历史，下面就是他了解到的概况：

南宋的统治集团，十分腐败，只知榨取民脂民膏，供自己享乐；对于北方强敌蒙古人的侵略，不积极组织抗战，反而内部纷争不已。最后元朝大军到达首都临安城下，南宋统治者只好献城投降。马可这次出使的日期，正值南宋京城即将陷落的前夕。

蒙古与南宋的第一次正面冲突是 1234 年端平战争，之后双方的战争延续了 40 余年之久，到 1276 年临安城破，南宋灭亡，才告结束。马可出使南宋就在 1275 年。

南宋是个消息闭塞的朝廷，对蒙古人的强大程度不够了解，以为蒙古国和辽、金一样，只是地区性的游牧民族政权，可以与之时战时和，从而偏安一隅，求得苟安。殊不知蒙古人的威名早已远震东欧和小亚细亚。西欧和罗马教廷一面害怕蒙古人，一面又想与蒙古人结盟，借其手消灭自己的宿敌。蒙古帝国是当时世界上第一大国，他们的军队好战且善战。南宋统治者（宋理宗、宋度宗、谢太后等）只知坐井观天，夜郎自大，沉湎于享乐，岂有不亡国之理。

宋朝南渡以后，宋高宗赵构以及后来的几个皇帝，大都腐朽无能，他们满足于偏安局面，从没有收复中原和北方的决心。宋高宗还勾结秦桧，出卖抗金斗争的胜利果实，用卑劣手段杀害抗金英雄岳飞。虽然宋孝宗统治时期，在张浚等主战派的坚决主张下，曾准备收复中原，但军事稍遭失利，即向金朝屈服，实行和议，北伐只是昙花一现。宋孝宗以后，宋光宗和宋宁宗，更是昏庸无能，主战派首领韩侂胄惨遭杀害，投降派史弥远把持朝政，南宋朝廷根本不想北伐了。试问，积极主战反遭杀害，还有谁敢冒死抵抗呢？南宋的灭亡是理所当然的。

宋理宗是史弥远拥立的，其即位初期史弥远专擅朝政，直到史弥远死后，他才亲政。和宋光宗、宋宁宗一样，宋理宗也是个昏庸的皇帝。在位期间，国事日益腐败。他不顾山河残破，只顾大兴土木，耗费大量钱财建造寺观和园林。为了替他的宠妃阎氏建功德院，宋理宗竟派吏卒到各州县搜括木料，砍伐木材。财赋亏空，就滥发纸币，使得纸币不断贬值。当时因阎妃受宠，佞臣丁大全、马天骥得到宋理宗重用，有人在朝门写了"阎马丁当，国势将亡"八个字，对宋理宗敲了南宋将亡的警钟，但他仍不醒悟。

宋理宗即位之时，大部分地区已为金国所占据，西夏亦在蒙古的进攻下岌岌可危。可宋理宗不知道形势的危险，终日沉溺于声色犬马之中。

这时中国土地上有三个政权：蒙古、金、南宋。其中军事实力蒙古最强，金次之，南宋最弱。为报靖康之耻，南宋不与金国结盟，经过权衡后最终与蒙古结盟共同攻金。

1232 年，蒙古军队包围金朝的都城汴京。金哀宗先逃到归德，后又逃到蔡州。金朝守卫汴京的将领崔立向蒙古军队投降。蒙军在包围汴京后，即派使臣来同南宋商议夹攻金朝的事宜。这时南宋以宋理宗为首的腐朽统治集团中，大多数大臣都认为这是向金国复仇的大好时机，只有赵范提出应吸取北宋联金灭辽、自取其祸的教训，但这种意见没有被采纳。宋理宗遂答应出兵配合蒙古军作战，共同灭金，并出师攻占金朝边境的唐、邓、寿等州郡。

金哀宗逃到蔡州后，蒙军统帅又派人到南宋，约宋兵合攻蔡州。宋理宗遂在息州以南集结军队，准备出兵。金哀宗派人到南宋求粮，同时向南宋叙说"唇亡齿寒"、蒙古灭金后必祸及南宋的道理，要求同南宋联合。宋理宗也不予理睬。

元太宗五年（1233）九月，蒙军进攻蔡州，被金兵击退，就在蔡州周围建筑长垒，围困蔡州。宋理宗即于十月派大将孟琪等率军 2 万人，运粮 30 万石，前去支援蒙军。蔡州被蒙、宋联军围困数月，城中粮草断绝，于元太宗六年（1234）正月被孟琪所率宋兵攻破。蒙、宋联军随后拥入蔡州，金哀宗上吊自杀，金朝灭亡。

蒙古联合宋朝消灭金朝后，蒙军主力撤回北方，南宋军队也撤回襄阳、信阳等地驻扎。

可是这时南宋朝廷内一些冒进派提出了乘蒙古兵主力撤退之机出兵收复洛阳和开封，据守黄河及潼关的建议。宋理宗立即采纳这个建议。当时许多大臣都认为这是个冒险举动，必然引起蒙军南下，南宋即使一时侥幸得手，也难以守住。但宋理宗一意孤行，派兵攻占了开封和洛阳。蒙古立即出兵南下，宋军仓促应战，结果惨败，连忙撤出

宋理宗画像

洛阳和开封；蒙古兵挖开黄河堤，许多宋兵和百姓因此被水淹死。这次战争以宋军迅速溃败后撤告终。宋军的这次惨败是宋理宗等昧于世事，不了解对手的强大造成的，甚至给蒙古贵族提供了一个向南宋开战的口实。元太宗七年（1235）六月，蒙古大汗窝阔台发布分道进兵、大举入侵南宋的命令，开始了延续40余年之久的蒙宋战争。

由于南方人口密集，地形复杂，易守难攻。加上南方都是富庶的鱼米之乡，有足够的粮食以供守军食用，守军无后顾之忧。特别是汉人自动奋起抵抗蒙古人。因此，蒙古人的进攻并不顺利，战争进行多年，互有胜负。蒙古骑兵虽然十分厉害，在中亚和东欧等地势不可当，但在与宋作战时受到不少损失，并且大多不能在所攻占的地方建立统治。荆襄、两淮、四川的许多地区遭到蹂躏，蒙宋战争长期处于相持阶段。由于南宋有多年抵抗北方游牧民族入侵的经验，蒙古人对南宋颇感棘手。

1251年蒙哥即位后，命忽必烈负责征服南宋。忽必烈采用谋士姚枢的建议，分兵屯田，以守为主，亦战亦耕，粮储广积，边备充实，然后大举攻宋。忽必烈又向蒙哥提出先取大理以包抄南宋的计策，并亲统大军南征。1251年，忽必烈渡过金沙江，攻占云南等地。1253年，灭大理国（今云南全境、四川西南部等地），又西进吐蕃。忽必烈于完成其对"西南夷"的征服后，又南进交趾。至此，便完成其对南宋的大迂回包围了。1258年，蒙古军队分三路向南宋大举进攻。蒙哥亲率蒙军主力进攻四川，忽必烈率军进攻鄂州，兀良合台由云南经广西攻湖南，再北上与忽必烈会师。蒙古的这次大规模攻势，显然是想先占据长江上游和中游，再顺江而下，消灭南宋。

祸国殃民的贾似道

蒙军三路攻宋的消息传到临安，南宋朝廷一派惊慌。宦官董宋臣主张宋理宗迁都明州，左相吴潜反对，主张发兵解鄂州之围。宋理宗派右相兼枢密使贾似道领兵救鄂州。

贾似道是浙江临海人。因他的姐姐是宋理宗的贵妃，很受宠爱。贾似道依靠裙带关系被召入朝，逐步高升，掌握了宋朝的军政大权而势倾朝野。但贾似道是个卑鄙奸诈的小人，他既无勤王辅政的诚意，也无匡时济世的才能。他领兵去鄂州，所做的第一件事就是背着宋理宗私自遣使向忽必烈求和。因蒙哥战死，蒙古诸王此时正在漠北策划拥立阿里不哥即王位。忽必烈闻之，急于撤兵北还，回国争大汗之位，遂许贾似道之所求，退兵议和，商定蒙古与南宋以长江为界，宋予蒙古岁贡银20万两、绢20万匹。

蒙古退兵后，贾似道隐瞒真实情况不报，却于宋理宗前大表其功，自言击退蒙古大军。宋理宗信以为真，以为贾似道为国立下大功，加封其为少师、卫国公，并听从贾之谗言，罢吴潜左丞相之职。吴潜被流放到循州，后在流放地被折磨致死。以后，凡是被贾似道看不顺眼的官吏，均被当作吴潜的党羽，一律赶出朝廷。

忽必烈登基称帝后，派遣郝经到南宋索取在密约中许诺的岁币银绢。贾似道懂得，如果让郝经入国门，他的弥天大谎就要被揭穿。因此，他为了掩盖之前的投降罪行，秘密下令将郝经等人拘禁。

1264 年，宋理宗病死，度宗继位。宋度宗也是个荒淫昏庸的皇帝，他因受贾似道的支持而即帝位，所以做皇帝以后，将朝政一并委与贾似道，自己深居内宫与美女昼夜淫乐，一天之内竟要 30 多个宫女陪寝。

贾似道一手遮天，财政状况、边防形势等朝政大事，都不准上奏皇帝。他位极人臣，权倾天下，却不理政事。当时天下危亡，只在朝夕之间，贾似道却在西湖边，为自己建造豪华堂室。他还强占宋高宗时的集芳园作为自己的别院。他逼宫女为妾，养娼妓多人，整天在西湖上玩乐。他身居太师、平章军国重事等重要官职，却累月不朝，斗蟋蟀，赌博，把紧要政事放在一边。

1267 年，忽必烈以宋廷拘囚郝经为借口，举兵南下灭宋。首先攻击的目标就是南宋防御蒙古的重要据点——襄阳。

襄阳地处汉水中游南岸，与北岸樊城相对，是扼守长江的屏障。金亡后，宋蒙多次争夺襄阳，但自 1239 年孟珙收复襄阳以来，蒙古军一直未能得手。

襄、樊两城城防坚固，兵储足够支持十年。襄阳和樊城之间的江面上，还有铁索联成的浮桥，可以使两城的南宋军民互相支援。这次阿朮、刘整等率蒙古军围攻两城五年，用了筑堡、封锁、强攻等方法，使襄阳、樊城处于孤立无援的境地，却一直未能攻陷。守城军民拆屋作柴，缝纸当衣，顽强坚守，毫不动摇。

但贾似道和宋度宗等仍旧在临安过着醉生梦死的生活。贾似道整天同妓女们在西湖的游船上寻欢作乐，有人就用"朝中无宰相，湖上有平章"这句话，惟妙惟肖地揭露当时朝政无人处理的荒唐情况。有人还题诗道："山上楼台湖上船，平章醉后懒朝天。羽书莫报樊城急，新得蛾眉正少年。"还有人感叹地说："楼台突兀妓成围，正是襄樊失援时。"贾似道也极力使宋度宗沉湎酒色，不理军国大事。任何人只要在朝中说到元兵入侵的情况，就立即被贬斥出朝。有个宫女向宋度宗说了襄阳已被元兵包围数年的事，贾似道竟借故把她处死，使得此后再也没有人敢向宋度宗谈到边情危急的情况。

元至元十年（1273）一月，元军断绝襄、樊二城之联系，水陆夹攻樊城，樊城终被攻破。守将范天顺力战不屈，自缢而死。牛富率兵巷战，杀敌甚众，身负重伤，自焚而死。二月，元军用炮猛轰襄阳，守将吕文焕在向朝廷告急求援而贾似道不予理会的情况下献城投降。可歌可泣的襄阳保卫战宣告结束。

襄阳保卫战的失败是贾似道妥协投降政策的必然结果。没有广大军民的浴血奋战，襄阳战役是不可能坚持六年之久的。

元军占领襄阳，等于打开了南宋的大门，南宋王朝的崩溃已是无可挽回了。

1274 年，也是马可一行抵达元朝上都的这一年，忽必烈命伯颜领兵伐宋。伯颜是蒙古八邻部人，他的祖父是成吉思汗的开国勋臣，他的父亲是伊儿汗国大臣。旭烈兀遣伯颜入朝奏事，被忽必烈留用，任中书左丞相。伯颜善于用兵，多谋善断。他名字的含义是一百只眼睛。据说，南宋谢太后曾听得占卜者说，除了一个有一百只眼睛的首领外，没有人能够夺取宋朝江山。一个凡人，哪会有一百只眼呢？所以谢太后自以为可以高枕无忧了。这次蒙古人进军时，谢太后闻知主帅伯颜的名字与一百只眼睛谐音，大惊失色。又江南早有童谣云："江南若破，百雁来过。"时人莫喻其意，及伯颜伐宋，人们才知道童谣指的是他。

元至元十一年（1274）七月，宋度宗病死，谢太后（宋理宗的皇后）召集大臣商议继位问题。一部分大臣主张立宋度宗长子。贾似道以立嫡为由，扶持4岁的赵㬎，以便他能因拥立有功，继续专擅朝政。结果赵㬎即位，即宋恭帝。

同年九月，丞相伯颜统领元军20万人，分两路进军。一路进犯淮西淮东，指向扬州；一路由他自己率领，沿汉水入长江，并沿江南下，直趋临安。

十二月，在朝野压力下，贾似道被迫出兵应战。元至元十二年（1275）二月，贾似道率各路精兵7万驻芜湖，准备迎战元军。同时又派使臣去元兵军营，要求议和，遭伯颜拒绝。元军发起进攻，双方激战于池州下游的丁家洲。元军在长江两岸立炮轰击宋舰，宋军大败，溺死者不可胜数，军资器械尽为元军所夺。贾似道败逃到扬州，并上书谢太后，请朝廷迁都，未获准。许多人上书要求杀贾似道，谢太后却只把他发配到循州。押解贾似道的会稽县尉郑虎臣激于义愤，在押解途中把贾似道杀死于福建漳州木棉庵，结束了贾似道罪恶的一生。

元军在丁家洲大捷后，乘胜沿江而下。临安危急。宋廷不得不发出勤王号召，但响应者甚少，只有张世杰和文天祥等少数宋臣起兵响应。马可出使南宋正是此时。

战后的襄阳城

马可对蒙宋战争的经过全盘了解后，便由四名全副武装的士兵护送，还有一个严峻冷漠的汉族官员郝略陪同，带着忽必烈的国书，骑着马离开了大都，直奔南方。

郝略是郝经的堂弟，郝经代表元朝出使南宋，被贾似道囚禁十余年。贾似道死后，郝经才能放回。郝经回到北营后不久就病死了。郝略决心完成兄长的遗愿，出使南宋，促使南宋归降。

马可和郝略行走了许多天，首先来到襄阳城。襄阳城破之后，满目疮痍。马可深感战争的残酷。

镇守襄阳的蒙军统领阿里海牙见马可是大汗特使，亲自接见了他们，与他们进行了长时间的交谈。

阿里海牙向马可谈起吕文焕，他说，襄阳被攻前后十数年，吕文德和吕文焕兄弟率军民坚守，以汉水为篱，以樊城为犄角，始终不屈。

蒙古人攻城最后使用了所谓的回回炮，也就是军匠阿老瓦丁和亦思马制造的一种用机械抛石攻城的武器，往城内抛投石弹，击毁了城内的房舍建筑，也压死了不少人。

阿里海牙还评论吕文焕说，这人虽终为贰臣，但元兵南下，仅受阻于襄阳，延迟了南宋灭亡的时间，这样的人不失为仁人义士。他的苦守是知其不可而为之，投降是大势已去，保全阖城孑遗。

阿里海牙陪同他们参观襄阳城防。

他们拾级登城，察看那座被石弹摧毁的谯楼。石弹的破坏力惊人，整座谯楼被击倾圮，好些砖瓦碎如粉屑。

马可说，这种武器真厉害，吕文焕知道在这种武器面前，城池是守不住的，不得已而投降。

阿里海牙说，炮毁谯楼之后，先有军民裔城投降，吕文焕仍然不屈，直到阿里海牙本人亲临城下，保证不屠城，并折矢为誓，方开城门出降。可见他并非贪生怕死、见利忘义的汉奸。

阿里海牙又说，吕文焕是三国猛将吕布之后，家族世代为将。吕家兄弟是南宋少有的可依靠的军事强人，吕文焕投降，襄阳城失守，宋朝的气数已尽。因为沿江的守将，都是吕家的弟子和门生，见吕文焕归降，便纷纷开城纳降。例如，安庆的范文虎是吕文德的女婿，手下拥有重兵，蒙军一到，便不战而降。

阿里海牙陪同参观了城防后，便回帅府去了，听凭马可和郝略两人在城内自由游玩。

襄阳城其实已经没有什么好玩的地方。这些年来，为了守城，几乎全民皆兵，娱乐两字早已无人提起了。现在，为了应付蒙军需要，设有一些商店，但还在草创时期。颓垣败壁之中，有几家酒楼，但座位都被蒙古士兵占据了。

他们走到一家人数较少的酒楼，所谓酒楼，其实也不过是几张破桌子、破椅子，再加上几个老弱跑堂而已。他们向跑堂打听，知道开酒馆的都是蒙古人的随军家属，原先这里的住户留在城中的已寥寥无几，他们不是在战事中战死或饿死，就是在战后被蒙古人俘获为奴了。

　　他们四处访问，终于找到几户幸存的居民。这些人衣不蔽体，食不果腹，面呈菜色。家中家徒四壁，一贫如洗。蒙军围城数年，他们不但吃的东西罗掘俱穷，连房子也被拆得七零八落，砖瓦木石甚至家具，都拿去作为守城之用了。但他们对目前这种惨境早在意料之中，并没有因此而悲哀。有一位姓张的老者见马可像是色目人，便对他说，蒙古人在南方是待不长久的，他们若不受同化，日后就会被驱赶回沙漠中去。有大臣奏请忽必烈杀尽南方王、李、张、刘、赵等姓氏的人，免留后患，因为这几姓是江南大姓或皇族之后裔，反抗蒙古入侵最激烈。张老汉还引用一句古话："楚虽三户，亡秦必楚。"襄阳是楚国故地，目前是蒙古人强盛的时候，其锋芒不可撄，总有一天，长江中下游的百姓会起来驱逐蒙古人的。

　　马可听了，不免对这些不屈的宋朝百姓肃然起敬。

　　张老汉还引领马可、郝略两人到汉江边，眺望对岸樊城。还向马可讲述了一段围城期间的悲壮事迹：

　　襄、樊两城被围五年，城里特别缺少盐、柴、布匹等物。张老汉有两个亲戚本家，一个叫张顺，一个叫张贵，都是智勇双全的人物。张顺号称"竹园张"，张贵号称"矮张"，两个人都在南宋将领李庭芝手下当裨将。李庭芝驻军郢州（今湖北钟祥），招募民兵3000名，由张顺、张贵率领，沿清泥河乘船运送物资，强行突破元军封锁去襄阳。这 3000 名民兵明知此去九死一生，但人人感奋，决不动摇。元军为封锁襄阳，用铁链、木筏填塞江口，简直无隙可通。张顺、张贵率轻舟百艘，顺流而下。元军见张顺、张贵突然到来，夜里又不敢交锋。张贵迂回转战，黎明抵达襄阳。城中宋军久不见援军，此时欢欣鼓舞，勇气倍增。但这时独不见张顺，数日后张顺尸体在江中浮起，他身中六箭，手执弓矢，怒气勃勃如生，南宋军民惊叹不已。张贵入襄阳后，又派两个勇士潜入汉江，沿途锯断元兵布下的密密麻麻的木桩，到郢州向范文虎请求援兵，约好内外夹击，突破元兵对襄阳的围攻。不幸的是，张贵在出击时，有个败类离军叛逃，泄露了张贵突围的计划，使元军有了防备。张贵沿途奋战，所率勇士几乎全部战死，自己最后也因受伤过重，被元兵俘获，壮烈牺牲。从此以后，襄阳同外界的一切联系完全断绝了。

马可听了这个故事，感慨万分。当下他们辞别张老汉，张老汉临别时还说，他有一个亲戚名叫张士成，带兵在临安附近勤王，马可乘船东下如遇见此人，请代为致意。

面见南宋谢太后

阿里海牙拨给马可一只客船，马可伪装成客商，朝南宋首都临安进发。

马可一行坐船出汉水，入长江，顺江东下，沿岸州郡，多已投降，只有扬州还由李庭芝领兵坚守着。他们的船只经镇江转入运河，途经常州时，见攻城的战事还在紧张进行，守城者坚强不屈。元军攻城不下，伯颜驱使城外居民运土筑垒，连人带土一起作筑垒的材料，日夜进攻不息。

马可等坐船继续朝临安进发，船行到一个河道狭窄处，忽然看见岸边站满了弓箭手，箭已搭在弦上，随时待发。

马可十分震惊，他举起红漆密封的国书，上面缚着丝带，打上火印。"大汗给宋朝天子送信来了！"他向岸边喊话说。

岸边驶来一艘兵船，截住了马可的船只。几个持着长矛的兵士如狼似虎，跳上船来，把马可和郝略绑上，带到那艘兵船上。兵船上的士官问了郝略几句，便命令将船向岸边的一个城堡驶去。

兵船驶到岸边，停泊在码头上，马可等人由南宋的士兵押着，下船登岸，沿梯级走进城门，在街上走不多久，便被引进一个庭院。

庭院里有许多宋兵，为首的是个高个子将军，气宇不凡，神态庄严，操着江浙方言，和郝略交谈。郝略专注地听着，然后转过身来。

"马可先生，这就是本城镇守使张士成将军，"郝略说，"你可以把信交给他。"

"啊，原来是张将军，久仰久仰，我在襄阳就听人说起你的大名。但是，大汗御旨，我必须当面把信交给宋帝。"马可坚持说。

"宋帝年幼，不便见大汗派来的使臣，"张士成对他说，"我会亲自把信交给他的。你们在这里等着回信吧。"

"要等多久呢？"

但是这位镇守使不再听他说话了。一个官员匆匆走上前来，和他低声说着什么。张士成突然向一个卫兵打个手势，马可就被粗暴地搜了身，信从一个隐蔽的衣袋中被搜了出来。他还没来得及抗议，眼睛被蒙上了。马可被绑在一匹马上，这匹马载着他走了很久，终于到了一个地方。马可被拉下马来，被人牵引着，最后进了一间房间。有人猛力推他，迫使他跪倒在地。他待在那儿，想要听清那低低的耳语声在说些什么。几分钟后，蒙带解开了。当他的眼睛逐渐习惯屋里的灯光时，他看见自己是在一间陈设富丽的房中。他的面前站着一个神态傲慢、威严、庄重的汉族妇女，她已届中年，但五官端正，面孔秀丽。她穿着黑色衣服，更加衬托出她的皮肤白皙。显然，她是非常高贵的。"这就是那个奸细？"她问，手中捏着可汗的信。

"是的，太皇太后。"张士成恭恭敬敬地回答。

"都出去！"她命令守卫，那些人立刻退了出去。"你留下，张士成。"这个女人仔细地审视着马可。"你是想来窥探我们的勇气呢，还是我们的恐惧呢？孤家听到你被俘虏，就要亲自来看一看愚蠢的奸细。忽必烈本来可以派一个更重要的人来。你是来自西域的色目人，是吗？"

"是的，夫人，我比中亚的色目人来得更远，我来自最平静的威尼斯共和国，这个共和国在遥远的西方。"

"你是以送信为名到这里来的，不是吗？"

"大汗的信是要呈请宋帝亲览的，"他争辩着，"可我不知道你是什么人，夫人。"

"别再撒谎了！"她警告说，随后站直了身子，显出不屑一顾的神情。她的眼睛盯住马可的眼睛，想要估量他是否诚实。

"我连做梦也没想到要撒谎，太皇太后，"他诚恳地说，"我只是大汗派来给宋朝皇帝送信的特使。"

"孤家是谢太后，乃理宗皇帝的皇后。理宗早已驾崩，前不久度宗皇帝也驾崩了，现在继承皇位的是恭帝，年纪太小，孤家以皇帝名义代行朝政。"

马可深深鞠躬，接着微笑说："这封信到底是送到收信人手中了。当我把您的复信呈给大汗时，我的任务便完成了。"

"什么复信？"她急促地说，挥动着手中的信，"他要我们投降，就好像孤家会接受这样的建议似的！我怎能把宋朝三百年的基业拱手送给他人呢？这样做怎能对得起列祖列宗啊！何况你们是胡人，全国军民也不会屈服啊！"她愤慨地把信简扔到房中的另一头，霍然站起身来。不知为什么，太皇太后在生气时显得格外高大。

"但是大汗是有诚意的，"马可说，"他知道，南方迟早会落入元军的手中。他希望能阻止更多人流血，防止更多的庄稼和房屋被摧毁。"

她的怒气又爆发了："蒙古人侵入我们和平的宋国，使富庶的江南血流成河，无数房屋被毁成平地，数不清的平民被掳到北方去沦为奴隶，这些责任都要你们的大汗来负。"

"大汗希望停止战争，和你们达成光荣的和平协议。"马可说。

"人要背叛自己的祖宗，还谈得上有什么光荣！"谢太后这样回答，冷若冰霜。

"太后，如果你们同意投降，将会给百姓带来和平，"马可敦劝道，"这就是大汗的希望。"

"谁能相信这种人的话！他所到之处，除了破坏，没有和平！"她轻蔑地说，"他已使许多良田荒芜，寸草不生。"

"大汗不希望老百姓饿死，他早就实行'以农桑为急务'的政策，现在他已降旨保护你们的田粮收成和百姓的生命。"马可说。

"孤家知道，开城迎接你的大汗，臣民会遭到什么下场——那些信赖他的城市，不战而降。可是，留给他们的不过是残垣废墟，一片焦土。我们不会被他的花言巧语所欺骗——你就照孤家所说的去回复他吧。"

马可并不觉得自己很勇敢，但为了帮助停止这无止无休的杀戮，不辜负忽必烈对他的信任，他愿意作出任何牺牲。"如果太皇太后希望的话，我可留在这里作为人质，等到太后的复信到达大都，我再回去。"

一片沉寂。这时马可身后的门开了一条缝。马可转过头去，看见一个男孩站在门槛上，他的华贵袍服，相对于他的年龄来说，太过于华丽和庄严了。他用明亮、幼稚而好奇的目光看着这个他还理解不了的世界。这个孩子盯着马可看了一会儿，就悄悄地溜了出去，随手把门关上。谢太后此时已恢复镇静，对马可说："一个长达三百年的王朝，面临生死存亡之时，全部责任却落在一个寡妇的纤弱的肩头上。那些食君禄的大臣现在死的死了，降的降了，逃的逃了，把保卫国家社稷的责任推到一个弱女子的身上，这么巨大的责任孤家真承担不起啊。现在孤家深深体会到三百年前的后周太后和其幼子柴宗训的苦处了。当时我朝太祖皇帝黄袍加身，逼迫后周朝的孤儿寡妇交出政权，他轻而易举地当了皇帝。三百年后，这样的苦果又轮到赵家的孤儿寡妇来尝受了。马可先生，因为你是个西域人，孤家才向你吐露我心头的痛苦，你们西域人不了解东方王朝政治的微妙之处。刚才你见到的孩子，就是当今的天子，这样的孩子连生活都不能自理，又怎能管理国家大事呢？何况这个国家已遭遇灭顶之灾，敌军已占领了大片的国土，兵临首都城下，唯有出现奇迹才能获得拯救。至少要有一个强有力的人物出来支撑危局才行，可是强人在哪里？贾似道一度是个强人，度宗尊称他为'师臣'，不敢直呼其名。可他生活腐化，作战临阵脱逃，结果身败名裂。丞相陈宜中出来收拾残局，可他态度摇摆，举棋不定，这几天也跑了。前不久孤家写了一篇《哀痛诏》，陈述孤家个人的痛苦和忧思，向百姓求助。"

说着谢太后取出一张文告，给马可看。上面写着："先帝倾崩，嗣君冲幼，吾至衰耋，勉御帘帷。曾日月之几何，凛渊冰之是惧。愤兹丑虏，闯我长江。乘隙抵巇，诱逆犯顺。古未有纯是夷虏之世，今何至泯然天地之经。慨国步之阽危，皆吾德之浅薄。天心仁爱，示以星文而不悟；地道变盈，警以水患而不思。田里有愁叹之声，而莫之省忧；介胄有饥寒之色，而莫之抚慰。非不受言也，而玩为文具；非不恤下也，而壅于上闻。靖言思之，出涕滂若。三百余年之德泽，入人也深；百千万姓之生灵，祈天之佑。亟下哀痛之诏，庶回危急之机。尚赖文经武纬之臣，食君之禄，不避其难；忠肝义胆之士，敌王所忾，以献其功。有国而后有家，胥保而相胥告。体上天福华之意，起诸路勤王之师，勉策勋名，不吝爵赏。故兹诏谕，想宜知悉。"

"太后，你的一片苦心，我完全理解，你肩上的担子太重了，会把你压垮的，"马可看了文告后，说，"但以目前的形势分析，我为你考虑，除了投降之外，没有其他选择。投降可以使你获得解脱。"

"只要能保全大宋社稷，任何条件都可以。我们可以向蒙古人称臣纳贡，可以把所有城池和财物都奉献给大汗。我只请求大汗不要灭掉宋国，求他封一小国以奉先祖。不然的话，孤家死后怎么面对列祖列宗，追随先帝于地下啊！"说完，谢太后嘤嘤哭泣起来。

马可怎么也料想不到这位冷若冰霜、态度傲慢的谢太后会痛哭失声，将自己长期积压在心中的痛苦向敌人的一位使者吐露。这说明她的绝望情绪已达到了难以控制的程度。

随后，谢太后对马可说，明天她将派文天祥丞相去元营与伯颜谈判条件，请他以大汗使者的名义面见文天祥。

南宋的灭亡

文天祥在一间密室里会见了马可。文天祥相貌堂堂，目光炯炯，一身正气。他向马可详细询问了元朝政治、经济和军事方面的情况，弄清了大汗的意图。然后文天祥讲述了自己的打算：他将竭尽全力挽救大宋的危亡，使宋朝能长期与蒙古对抗，让元朝占领南方的计划落空。

马可试图说服文天祥，让他打消自己的复兴大宋的计划，因为这全是纸上谈兵，没有任何实现的可能。马可首先谈了自己的见闻，他几乎走遍了世界，认识到现在寰宇只有三大势力，那就是基督教世界、伊斯兰教世界与蒙古人所建立的蒙古帝国。目前南宋已被蒙古军队从三面包围，一面是茫茫大海，南宋君臣已无处可逃。唯有奉降表向蒙古人献上全部现存州郡一条出路。

文天祥答复说，自己是南宋进士、头名状元，博览群书，对蒙宋两国形势早已知悉。但国家养育臣民三百多年，一旦有急，征天下兵，竟无一人一骑应召，他万分愤懑，所以不自量力，以身赴难，希望天下忠臣义士闻风而起，人众功济，也许能够保全社稷。他还说，从组织勤王军之日起，他就以身许国，个人的生死荣辱、成败利钝，他都在所不惜了。

第二天，文天祥带一个代表团到蒙古军营中去见伯颜。马可和郝略也一同前往。伯颜的大营设在皋亭山明因寺。文天祥来到后，昂首阔步入营见伯颜。营中刀枪森列，元军杀气腾腾，他视若等闲，十分坦然。

伯颜首先问："丞相来谈投降的事啊？"

文天祥严肃地说："投降是前丞相陈宜中一手经办的，我一概不知道。现在太皇太后命我为丞相，我还没有就任，先来军前商量。"

伯颜连忙改口说："丞相来商议大事，这很好嘛！"

文天祥直截了当地问："现在中国分为南北两朝。北朝蒙古兴起不到百年，南朝大宋有三百年历史。现北朝侵略南朝，是想把大宋作为国家来对待呢，还是要毁宋朝的社稷？"

伯颜只好说："大汗的诏书说得很明白，社稷必不动，百姓必不杀。"

文天祥义正词严地指出："你们前后几次与本朝订约，大多失信，现在两国丞相亲订盟好，你们应当先退兵，把和议情况奏闻北朝，北朝诏令下来后再作续议。"

伯颜露出倨傲的神气，表示决不能退兵。

文天祥以高亢的声调继续说："能依我所说的，双方讲和，是为上策；不然，南北兵祸不已，对你们也没有好处！"

伯颜见文天祥毫不示弱，就恐吓把他置于死地。

文天祥大义凛然地回答："我是宋朝的丞相，但欠一死报国，刀锯鼎镬，在所不惧。"

马可见谈判陷入僵局，便走到伯颜身边，向他耳语道："将军，我是大汗特使，刚从临安回来，有要事禀报。"

伯颜点头，宣布谈判暂停，吩咐把文天祥等领到客房休息。随即蒙古兵便把文天祥押入寺院一间僧房中软禁起来。

马可向伯颜禀报说，他进入临安城面见了谢太后，知道谢太后已有投降的打算，只求能体面地投降。他建议伯颜给予谢太后面子，照顾到她的尊严，投降后封恭帝一个封号；并向她保证入城后军队秋毫无犯，宋朝宗室成员一个不杀，老百姓可以安居乐业。这样一来，谢太后是愿意投降的。马可还向伯颜报告了临安城中的兵力情况，临安已是一座空城，虽有数万军队，但无人指挥，其中有一部分是文天祥的勤王军，现文天祥已来蒙古兵营，军队没有领导者，会自动解散的。另一个主张坚决抵抗的张士杰见临安难守，已率兵扬帆出海，往南方去了。前丞相陈宜中不愿来蒙古兵营谈判投降条件，怕被扣留，也逃到温州去了。现临安城中的官员除文天祥外都承认大势已去，愿意投降。马可还献策说，目前只需把文天祥一人扣留在营地，其余谈判代表都准许回临安，向谢太后禀报伯颜的促降诚意。这样，元军可兵不血刃地进入临安；占领临安后，伯颜可让谢太后发出手诏，号召所有未陷州郡停止抵抗，向元朝投降，这样就可减少许多不必要的流血，也可使富庶的江南迅速恢复农业生产。

伯颜认为马可的意见甚妥，便采纳了他的计划。

随即伯颜又召见了除文天祥外的所有南宋使者，告诉他们说，即派大汗特使马可陪同南宋代表团回临安城见太皇太后，听取太皇太后最后决断；文丞相暂留下来，待马可回来，大事商议完毕，即可回去。

于是，马可同这些使节第二次进入临安城内，向南宋政府转达了伯颜的各项保证，谢太后终于同意投降。第二天，马可陪同谢太后的使者带着降表来到元营，伯颜接受了降表，宋朝正式签约投降。唯一拒降的文天祥被押送往大都，听候处置。

元至元十三年（1276）三月，伯颜率军进入临安。年幼的宋朝皇帝赵㬎和他的母亲以及许多官僚和太学生被俘，被押送到大都。赵㬎被忽必烈降封为瀛国公，后来入寺为僧。太皇太后谢氏因病暂留临安，不久也被押解到大都。

偏安江南的南宋王朝至此走向末路。

参加元朝祝捷大典

马可不等受降仪式完毕，就匆匆辞别了伯颜，回大都复命。因他不辱君命，胜利完成了任务，他受到了大汗的嘉奖。不久他又参加了元朝的祝捷大典。

胜利的光辉照耀着皇城。沉沉黑夜变得辉煌壮丽，光彩夺目。一支五彩缤纷、瑰丽壮观的旗队开进了巨大的皇宫院内，代表大汗的绿白两色相间的旗幡，浩浩荡荡地走在前面。宫院两侧，一边是太和殿，一边是中和殿。火炬队伍走在旗队旁边，火炬的熊熊火光，形成了一条光带，照耀着五彩缤纷的旗帜。低沉的鼓声伴奏着队伍的前进，直到这支队伍走向皇宫院内北头，分列在皇帝宝座两边。接着，那四座矗立在皇宫院内中心广场四角的竹子角楼里，以惊人的同一准确时间，突然点亮了千百支火炬和灯笼。差不多就在同时，鼓点加快、密集，达到了高潮。忽必烈君临一切，身着龙袍，坐在象牙镶金的龙座上。龙座设在铺着地毯的隆起的御阶上面。他的右边是太子真金，带着亲生儿子铁穆耳。左边是察必皇后和宫廷后妃公主们。就在皇室台阶的下面，是御前会议的王公大臣，有阿合马、八思巴、纳速刺丁、阿刺罕、海都、贝克特和乃颜几位当朝显贵。

马可观看着，感到心情激动，深感自己经历了这个场面，算是一个局内人，同时却又以一种超然的心情，做一个旁观者。他很感兴趣地看到，那强有力的海都和尊荣高贵的乃颜，还有忽必烈的侄子们和拥有大片领土的领主们，这些人虽然也为蒙古军事和外交的胜利感到自豪，但这些人各有算盘，都急切要从胜利果实中分一杯羹。

尖锐刺耳的短促喇叭声，宣告伯颜将军率领大军凯旋，回到了大都，现在正进入皇宫。一些蒙古武士走在伯颜前面，抬着缴获的南宋军旗，放在忽必烈的脚下，象征他的胜利。伯颜和其他将领走近龙座，恭敬地跪了下来。这时，忽必烈站起来，张开双臂，表示欢迎。伯颜登上御阶，再次跪在忽必烈面前，他的声音响彻整个皇宫院内："宋朝的最后堡垒已经陷落。陛下，整个南方都已臣服在您的脚下。"

"平身，伯颜。贤卿是帝国的利剑！"忽必烈颁旨说，"自今日起，卿便是卿所征服的地区的行政总管，朕以皇孙铁穆耳的名义，封卿为同知枢密院事。"

忽必烈不以真金的名义颁发谕旨，说明他与皇太子之间已有政见分歧。真金听了这话，稍微低下了头。伯颜走过去，站在新封的位置上，也就是侍立在太子的身后。全场都以羡慕的眼光注视着伯颜，这是他一生的高光时刻。眼前的一切展现在马可眼前，好像神话一般，他感到目眩神迷。接着，人们突然听到沉重的皮靴踏在地上的脚步声。马可刚才那种超然物外的心情荡然无存了。

南宋的谢太后、皇帝赵㬎由一群蒙古士兵押送进来了。两人都身着白袍。在汉人的风俗中，白色是服丧的颜色。在场的汉族官员一看见她，全都立即跪下。马可看到郝略也跪在那里，露出愧悔的神色。谢太后和赵㬎迈着坚定的步伐，走到忽必烈的宝座跟前，从容不迫地静候着，不露半点恐惧的神色。谢太后悲戚庄严，显得格外美丽。她扫视周围，看到了马可，她的目光久久地盯着马可的目光，令他不好意思地低下头去。伯颜正是根据马可的情报，才攻下临安府。马可感到，他对这位高贵女人的屈辱地位，和他的臣民被蒙古人征服，负有直接的责任。此时，他对太后和幼帝深感同情。而且他认为，他忠于一人就意味着对另一个人的背叛，这使他内心难以接受。

他回想起，他曾在谢太后面前如何为忽必烈辩护，说到他的宽宏大量。她显然对忽必烈不抱有任何希望，现在目光平视着忽必烈。她的骄傲就像一副盔甲保护着她。

忽必烈那严峻、冷酷的面孔终于慢慢地温和起来。他站起来，鞠躬施礼，把太后当作贵宾接待。全神贯注观察这一场面的汉族官员们惊讶地长吁了一口气，他们心头的一块大石头落了地。忽必烈表现出的宽宏坦荡胸怀，是意想不到的，使他们很受感动。马可觉得自己的眼泪也有些止不住了。忽必烈做了个手势，请太后和幼主到他的左边，和皇室的公主后妃们在一起。当母子二人慢慢登上御阶时，有些犹豫的赞扬声顿时变成了欢呼。谢太后到达指定的位置后，勉强而优雅地微微一笑，聊表谢忱，她再次瞧了瞧马可。

在一片喝彩声中，马可一直注意着郝略，看见他也和许多汉族官员一样，在低声哀哭。

与当年金朝皇帝在五国城虐待被俘获的北宋徽、钦二帝相比，谢太后所受的待遇可说是十分优厚的了。忽必烈表现得这样宽宏大量，与贤惠的察必皇后分不开。在这次祝捷会上，全体蒙古贵族无不趾高气扬，欢天喜地，唯有察必皇后面带愁容。她的情绪被忽必烈察觉到了。忽必烈转身问她道："皇后，我如今平定江南，从此不用再动兵甲，满朝文武都欢天喜地，你却单单不乐，是何缘故？"察必皇后跪奏答道："妾听说自古以来没有千岁之国，只要我们的子孙后代不落到宋朝这地步就是万幸了。"后人评论说，察必皇后真是位高瞻远瞩的皇后。人们常说："君子之惧，惧乎未始。"察必皇后可谓是忧乎未始了。人们还说："祸兮福之所倚，福兮祸之所伏。"察必皇后于元朝开国之际的一派繁华中能预忧末世的远祸，实属不易。汉唐以来，多少明君德后也未见有其言。

祝捷会之后，忽必烈让人将宋朝府库中的东西都陈于殿庭之上，叫察必皇后来看，皇后看过一遍就离去了。大汗派宦官追去问皇后，想要些什么，皇后说道："宋朝人将这些宝物传给子孙后代，子孙却不能保有，结果尽归于我朝，我怎忍心取一件呢？"后来谢太后等留居大都不习惯北方的天气和生活，察必皇后为此奏请让其回归江南，忽必烈不答允。她连续三次上奏，忽必烈于是对她说："你这是妇人见识短，如果让这些宗室南归，南方人就会乘机恢复宋室，他们就有杀身灭族之祸。这么说来，送他们回去，不但不是一种爱护，反而是伤害。我把他们羁留在此，是对他们的保护。只要能够关心他们，经常加以照顾，使他们感到方便安适就可以了。"察必皇后听了之后，对谢太后等更加厚待。

参加蒙古忽里勒台大会

这次祝捷大典还表演了魔术、武术、舞蹈等文艺节目，还放了许多烟花爆竹，差不多闹了一个通宵，大家尽欢而散。在仪式进行期间，忽必烈还特地招呼马可与当朝显贵站在一起，以酬谢他作出的贡献。从此以后，马可在朝中的地位发生了戏剧性的变化。以前，许多人不理睬他，或者，大多数蒙古贵族充其量也只是宽容地把他看成皇太子的朋友。现在，他们都来找他，络绎不绝地邀请他去赴宴或去打猎。人家不再叫他"马可先生"，而是称其为"马可大人"。御林军都向他敬礼，比他地位低下的人都向他鞠躬。那些汉族官员，也意识到马可这个人需要谨慎对待了。

马可感觉这时比过去更安全了。前不久有一种谣言说阿剌罕发誓要绞死他。现在有了阿合马，还有伯颜的保护，加上纳速剌丁的友谊，他感到安全多了。八思巴现在尽可能避开他。阿剌罕对他保持着谨慎的礼貌。

真金代表父亲到旧都和林去参加忽里勒台会议，马可也随行参加。这次会议，除了草原上的全体部落首领，如贝克特没有出席外，忽必烈的全部封疆的皇子们，海都、乃颜、钦察汗国可汗，以及伊儿汗国可汗，都出席了。会议的目的是，每人报告自己管辖地区的发展、安全及其需要。会议期间要向到会的人通报征服南宋的确实消息，要使出席会议的人再一次保证效忠大可汗。

在所有人当中，最可能引起麻烦的人就是窝阔台汗国可汗海都，但是，他已经被他叔父征服南宋的胜利所震慑，因此保持了和平。马可通过海都，认识了他的表兄弟乃颜。他是蒙古一个部落的首领，是一个朴实自然，令人敬爱的人。乃颜的长袍外面挂着十字架，他给马可留下了深刻的印象。与此同时，马可也对乃颜谈到察必皇后对忽必烈的影响，马可的这番话也对乃颜产生了影响，使他陷入沉思。

无论海都或是乃颜，都是野心勃勃且不愿久居人下的人物，他俩都窥伺元帝国的皇帝位置，只要中央政权出现不稳定，他们就会起兵夺位。

但不管怎样，这次忽里勒台大会还是保持住了忽必烈的权威，马可在大会上也表现得十分出色。

江南风光好

再度下江南

马可在出使南宋后，就对江南产生了浓厚的兴趣。他委托博学的郝略替他寻找有关江南历史、政治和文艺方面的书籍。

江南是朝廷内部不断讨论的题目。尽管它已被元军占领，但因其地域广阔，需要再过几年的时间，才能完全被征服。此时，争论集中于怎样最好地治理这片区域，如何最好地对待当地的百姓。当时有几派，一派是以真金为首的开放改革派，这派认为汉人与蒙古人应和好相处，全国应融合成一个民族大家庭。人民不分汉蒙，一律平等。一派是以阿合马为首的色目人理财派，他们认为南方是政府迫切需要的税收来源，要加大向南方收税的力度。南宋是战败方，至少要向北方交纳贡款。阿合马还以中统元宝交钞（简称"中统钞"）换取南方人手中的有价货币——交子，使许多南方小民破产，此事遭到汉法派官员姚枢等人的坚决反对，因为伯颜进入临安时，曾发布告声明南方货币交子会继续通行，不予更换，现在又说要更换成大大贬值的中统钞，这是失信于民。可是，忽必烈为了增加财源，还是支持阿合马。以八思巴为首的宗教领袖认为南方是偶像崇拜者，尊崇道教和儒教的国度，应使他们全部改信藏传佛教，至少要根除这地区原来的宗教信仰。忽必烈比较同意这种看法。他认为，本地的宗教信仰很可能成为叛乱者东山再起的基础。但他也认为，要使生活富裕的南方人相信推崇苦行的藏传佛教也是不可能的。真金则主张尊重该地区原有的宗教信仰和风俗习惯，但不为忽必烈采纳。蒙古人统治南方后，当地许多风俗活动（如祭社）都遭到禁止。

还有一部分保守的蒙古贵族，认为汉人"无补于国"，也就是说不好治，决定要"悉空其人以为牧地"，但这种主张，早已受到忽必烈的否定。

忽必烈在各派主张中采取不偏不倚的立场，对真金的意见，他口头上赞成，但实际上不采纳。他最相信的人还是阿合马，因为阿合马能给他带来许多财富。至于阿合马攫取财物的手段，他则不管。阿合马急于知道江南各地的经济恢复情况。在他的建议下，忽必烈命令马可到南方去进行一次调查，了解南方的经济概况，时间是6—12个月。

马可同父亲、叔父、察必皇后和真金告别后，就带了一支强有力的护卫队，一群仆从和顾问郝略上路了。郝略现在成了马可的参谋副官。

因为要走遍南方地区得花上许多时间，马可就决定主要考察东部地区。他们向东南方向出发，从大都到了黄河。古代黄河流域土地肥沃，农业生产十分繁盛。但由于黄河上游森林砍伐过多，造成水土流失严重，中下游泥沙淤积，黄河变成了一条悬河，河水一决堤就造成很大的灾害。黄河流域一些往昔十分繁盛的城市，如洛阳、汴京等地，由于久经战乱，渐渐衰落了。与此形成对照的是，江淮一带的城

元代“张成造”剔红栀子花纹圆盘
（故宫博物院藏）

元代“杨茂造”剔红花卉纹尊
（故宫博物院藏）

市日渐繁荣，成为中国最富庶的地区。

马可过了黄河后，到了江淮地区一个大城市淮安州。淮安州是一个繁荣而富饶的城市，它是南宋通往北方的门户。由于当时的黄河流经淮安州入海，所以淮安州位于黄河与大运河交汇之处，过境的船舶舟楫，昼夜不停地穿梭于河面上。淮安州是大批商品的集散地，通过两条大河将货物运销各地。这里盐产量极其丰富，不但能够供应本城市的消费，而且还能行销远近的地方。政府以此得到巨额的税收。后来阿合马又禁止私盐，由国家垄断盐利，并设置了巡禁私盐军，以缉查私盐。

马可一行离开淮安州后，骑马沿着大运河的东堤道南行，自扬州到淮安的运河有双堤围堤，这条数百里长堤以花岗石筑成，十分牢固美观。1004 年，宋真宗开始修筑，历时 100 多年才筑成。堤道两旁有许多湖泊，可以航行。

马可等走了一天路程，当夜幕降临时，来到一个名叫宝应的大城镇。此地居民靠工商业生活，丝产量很高，用丝织成金锦丝绢，种类多而且美丽。

马可等离开宝应城，继续南行，一天后来到高邮城。该城城市建筑宏伟，城区广大。有一个高邮湖，盛产鱼类，湖中飞禽很丰富，特别是雉鸡出产极多。马可等品尝雉鸡肉，觉得味道甚美。

马可一行从高邮城出发，向东南行走一日，然后抵达泰州城。

不屈的扬州

马可一行离开泰州，不久就来到江南重镇扬州，扬州是运河边最繁荣的城市，因为它正在运河和长江的交汇处。

马可拜见了当地的镇守使，这位镇守使是阿里海牙的弟弟，上次马可在襄阳时见过。故人相见，分外亲热。镇守使坚持要他们一行在这里过夜，并设宴为他们接风。宴席间，镇守使谈起最近扬州的战斗。

谢太后和年幼的皇帝投降元朝后，镇守扬州的李庭芝、姜才仍旧不降，元兵久攻不下。使者拿来谢太后向元朝投降的手诏。李庭芝见后义正词严地说："奉诏守城，没听说用诏下令投降！"当李庭芝等听说元兵押解赵㬎和谢太后北上时，还尽散金帛犒兵，以4万人连夜进攻瓜洲，想夺回赵㬎及谢太后。在作战时，元兵主帅阿术派人去劝姜才投降，姜才却正气凛然地回答说："吾宁死，岂能作降将军！"谢太后这时又下诏对李庭芝说："今吾与嗣君都已降元，卿尚为谁守城？"李庭芝不予回答。下令发弩射持诏而来的使者，当场射毙一人，其他人都狼狈逃走。忽必烈下诏招降，李庭芝把来使斩首，烧掉招降诏书。当时扬州已成淮东孤城，粮食要用完了，就煮牛皮等物充饥。但扬州军民仍然顽强不屈地继续战斗。后来城破，李庭芝与姜才壮烈就义。

镇守使还说，城破后的巷战中，元兵生俘了一名受伤的宋朝将领。此人始终不肯投降，在审讯中，他说见过马可大人，现在马可大人亲自来了，不妨参与审讯此人，与他当面对质。马可连声称善。

于是镇守使吩咐带犯人过来。不多久，房门开了，一个囚犯被拖了进来，双手紧紧绑在前面。

"带到那边去。"镇守使指着马可坐的地方说。这人就被带到马可跟前跪下，马可看了一眼那个囚犯，那人抬起头来。元兵对他非常粗暴，他只穿了一件被撕破的单衣，脸孔布满伤痕，苍白憔悴。但是他的目光并未丧失骄傲和蔑视的锐气。这就是张士成将军。

"马可大人，你认识他吗？"蒙古镇守使问。

"是的，我认识。"马可说。

"好吧，马可大人，既然你认识他，你就审问吧。"

"张士成将军，"马可问道，"你还记得我吗？"

"我记得，"张士成回答说，"你是马可·波罗，西方威尼斯共和国的臣民，现任忽必烈的特使。"

"是的，你的记忆力不错。可是，你原在临安附近担任守卫京城的任务，后来南宋投降了，你早应该归降才对，怎么又跑到扬州来了呢？"

"我是堂堂汉将，怎能归降你们这班胡虏呢？中原是汉人的土地，你们这些胡人迟早会被赶回草原去。我自从谢太后屈辱投降后，便领兵来到扬州，与李、姜二将军共同守卫扬州。我感到惭愧的是，我没有与李、姜二将军一同战死沙场，却成了你们的阶下囚。"

"前不久我是你的阶下囚，今天你却成了我的囚犯了。"马可说道，"你能否认吗？"

"我怎能否认？"张士成说，"要杀便杀，不必多言。"

"张士成将军，"马可说，"上次你擒获我时，你也曾网开一面，没有杀我，还带我面见谢太后，在这件事上，你对大元是有贡献的。你的功劳可以弥补你负隅顽抗的过错，今天我以大汗的名义，宣布你自由了。你可以回归到你的家乡去，与亲人团聚。"马可转身向蒙古镇守使说："大人，你同意释放他吗？"

"马可大人，你是大汗的钦差，这事就由你做主吧。"

于是，马可从桌上取了一把短剑，割断缚住张士成手腕的绳子。"站起来吧。"

在场的蒙古官兵响起一阵惊愕的低语声和一片低声的抗议。当马可说到以大汗的名义时，他们就立刻默默不语了。

张士成四肢僵硬地站了起来，擦着手腕上伤口处的皮肤。他说不出话来，仍然凝视着马可，不敢相信。

"大汗禁止报复被征服地区的人民，"马可向他解释忽必烈的政策，"你可以走了，没有人会伤害你。"

张士成环顾着周围，目光流露了感谢和受到挫伤的骄傲的复杂感情。"如果我可以走的话，我将回到乡下隐居，隐藏我不能为国战死的耻辱。"他说完就走了。

扬州真是一座不屈的城。马可没料到，300多年后，这样的历史悲剧又在扬州重演。史可法在扬州抵抗清军入城，英勇牺牲，清军杀害扬州军民80万余人。

天堂之城——杭州

就在那一天，马可第一次看到了长江。他看到过许多河流，但从来没有看见过一条江的江面有四五公里这么宽。

长江真像大海，对岸十分宽阔，几乎无法透过江上的薄雾看清。江面的水路交通十分拥挤繁忙。大大小小的帆船、驳船、木筏和舢板络绎不绝，布满了江面。

他们到繁荣的河港真州。这儿一天当中就有 5000 只船在港口停泊，每年有 20 万只船通过该港口往上游行驶。

马可花了三个月时间，在长江的中上游地区游历。他坐着大船，借风力逆流而上，到了上游的重庆，重庆位于长江与其主要支流嘉陵江的汇合处，是贵州、云南和吐蕃一带广大区域的贸易中心。重庆上游的长江称金沙江，淤泥中盛产金沙。马可在重庆坐船顺流而下，穿过了两岸高耸入云、史前时期就已存在的峡谷。三峡多急流险滩，水势十分湍急，旋涡像水车一样旋转。两岸有神龛古庙多处，栖于悬崖绝壁之上。

他乘船行驶了 30 天之后，到了贸易中心镇江府。从这里，取道盛产丝绸的美丽城市苏州，最后到达南宋的京城临安，即今杭州。俗话说："上有天堂，下有苏杭。"凡是来到这两个城市的游人，都认为他们到了天堂。

马可发现，临安城内大街纵横，运河及广场遍布。城的一边有西湖，另一边有钱塘江，其中水渠交错。由于河道多，所以桥梁也多，一共有 12000 座桥，都是石块砌成的。市内主要分为 10 个地域，工商业地区毗连，贩卖各种手艺品、香料、宝石、名酒……市区内也有很多的浴室和妓院，以来自各地的游客为营业对象。

临安城内，有很多的大宅第，建筑宏伟，也有很多的堆栈，从各地来的货物均在此集散，交易量极为惊人。以胡椒来说，每天要交易 44 担，每担的重量达 200 斤。

各行各业都有他们的同业工会，其中最主要的 12 个行业，拥有 12000 家行号。此外，尚有许多不胜枚举的行业和小店铺。

临安府及其管辖地带的产业和商业十分发达，经济繁荣。位于杭州湾北岸的澉浦镇，是个很好的港口。这里常有来自印度及世界各地的商船，且可直接进入杭州市，因此杭州与外国的贸易也十分鼎盛。

杭州城在宋朝时期得到了极大的发展。宋人富有文化教养，爱好游乐。市内建有许多宏伟的府邸和宫殿、书院、庙宇，以及一些公共建筑。宋人举止文雅，亲切友善，殷勤好客。全城有多处名胜古迹，其中最著名的是西湖。西湖的两个中心岛上，各有一座宫殿，已改为两家豪华的饭馆。湖上有许多精美的画舫，用作湖上餐厅和社交场所。

杭州有个大图书馆，宋朝的档案卷宗都存放在馆内。厅堂彼此连接，都塞满了卷轴和捆好的书册、诗集、历史文献、传奇小说和最珍贵的宗教经典。马可在这儿还看到一台活字印刷机。用这台机器几天

元代影青釉里红高足杯（杭州博物馆藏）

元代景德镇窑青花瓷塑海鳌山子笔架（杭州博物馆藏）

的时间就可印成百本书籍，无需辛辛苦苦地花上几个月抄写出一本。这对西方人来说真是一件新鲜事。

马可等又向东南方向走去。到了福建的主要海港福州。那儿的货物进口量甚至超过杭州。就是在那里，他生平第一次看到了航行远洋的大帆船。那是非常大的木船，有 4 根或者更多根船桅，只有一个巨大的船舵，有 6 个人掌舵。马可看见一些印度商人，他们用珍珠和龙涎香进行贸易。即使这些进口的全部货物上 10% 的税，运费占 30%—40%，商人们仍然能赚大钱。

从福州继续向南就是泉州。泉州位于福建省东南部的泉州湾，晋江的左岸，这个城市在 7—8 世纪唐代中期起，就有西域的商人经南海而来；到了宋元时代，更成为印度、西亚海上交通的东方门户，港口异常繁荣。满载着宝石珍珠的印度商船陆续来到泉州港，在此卸货之后再转运到江南各地。马可估计，这个地方商品的总交易量相当于埃及亚历山大港的 100 倍。

马可结交了一个阿拉伯帆船船长，坐上他的船回杭州。这位船长给他看了一个神秘的指南针，这是一项中国的发明。有了这个指南针，漂洋过海就安全得多。

回京复命

马可考察后回京，他的名气在京城里更大了，因为他在途中送回大量报告，他的报告不仅包括考察之地方志及资源、物产的情况，也描绘了当地的风俗习惯、宗教信仰和名胜古迹，例如：宋度宗金碧辉煌的宫殿，福州用平板船架起来的浮桥等。有他的报告在手，忽必烈就可以有充足的理由回答蒙古元老的质询了。过去这些元老时而指责忽必烈征服南方是白白耗费蒙古人的鲜血，时而批评他对南方太仁慈。马可的报告证实南方是一片十分富庶的土地，为了征服它付出代价是值得的，同时也证明让南方发展经济可使政府获得长远利益，比大肆杀伐使之变为一片荒芜要有利得多。

马可向御前呈交了他的考察报告。忽必烈亲自授予他"诺约"的称号，颁发一张盖有御玺的御状和一块刻着狮头的金牌，确认他的品级——相当蒙古军中的万夫长。御前会议对授予他爵位都表示同意。

"陛下，我们何时迁都临安？"一个大臣问道。

"我们永远不会迁到那儿去，"忽必烈直截了当地说，"临安太富有诱惑力了。它只能使人贪图安逸和享受。历史上凡是把都城迁到江南的王朝，没有不亡国的。我们在这儿，在大都，更接近我们蒙古人的心脏地区。我们决不要离开我们的故土，我们决不应使帝国的意志变得薄弱起来。"

根据马可的报告，南方如果得到适当的开发，那儿每年的税收可增加 3 倍，提供的粮食可增加 5 倍。但阿合马在会上露出为难之色，因为南方幅员如此辽阔，要恰如其分地估算出各地的税收额十分困难。估多了，地方承受不起，收不上来；估少了，则减少了国家的收入。马可建议他利用宋朝的档案，宋朝的官吏保存着很好的文字档案，这些档案中，保存了每一地区、城市和村镇的课税记录，蒙古官吏可以将其作为一个基础，再进行一次人口调查，然后定出新的税额。马可的建议得到了采纳。

会后，马可随着真金去向察必皇后请安，在那儿遇见了皇后的孙子、真金的儿子铁穆耳。铁穆耳已经 11 岁，长得结实、漂亮，表现出了蒙古少年的男儿气概，丝毫没有他父亲那种敏感和柔弱的气质。他穿着鹿皮骑马裤，佩戴着神鹰护身符，一副地道的蒙古人打扮。

元戴钹笠冠男立俑
（陕西历史博物馆藏）

元黑陶捧盒女立俑
（陕西历史博物馆藏）

马可向察必皇后描述他在南方的见闻。他说，南方人口众多，物产丰富，光临安城就有100万以上的居民，这么广阔的地方，这么多的人口，如果治理得好，可使国家获得很大的经济收入；如果治理得不好，南方是动乱的策源地。

皇孙铁穆耳听了，不以为然地说："怕什么动乱！如果南方人敢造反，我们就把姓李、姓张、姓刘、姓赵、姓王的人全杀光！"

太子真金见自己的儿子有这种残暴的想法，心里很生气。他想斥责儿子几句，但碍于母亲在场，不好发作。真金希望自己的儿子以后能做像尧、舜那样的仁君，至少也要像金世宗那样，做调和民族矛盾的太平天子。看来他的愿望会落空。

马可感到，太子真金的蒙汉一家和大兴汉法的理想在他之后未必能实现，蒙古人长期统治汉地的计划也会成为泡影，因为朝廷内存蒙汉一家想法的人毕竟是少数。

第
九
章

神秘的西南

奉旨往西南地区考察

忽必烈觉察到南方许多地方有不安定的迹象。于是，他派马可再度到南方考察，这次考察的路线与上次不同，主要偏向西南方面，同时还要考察西南边境的安全，探察缅国国王对蒙古帝国的态度，以及搜集缅国和班加剌国经济情况的情报。

马可奉旨后，择日起程，真金骑着马送行。西行 8 公里来到一条河流边，它名叫永定河，河上舟楫往来，船帆如织。河上架有一座美丽的石桥。桥长 266.5 米，宽约 7.5 米；10 个人骑马并肩而行，也不感觉到狭窄不便。桥有 11 孔石拱，由 10 个桥墩支立水中，支撑着桥身；拱门用弧形的石头堆砌而成，显示了造桥技术的高超绝伦。

桥两旁有用大理石建成的护栏，防止骑马疾驰的旅客失足落水。桥上还有石柱，靠近柱脚处有一个大狮子像，柱顶上也有石狮子。这些精巧的雕刻，使整座桥气贯如虹，蔚为壮观。这座桥就是现今的卢沟桥。

马可和真金在桥上依依而别。马可带了翻译和武装护送队，往南经河北的涿州，山西的太原、曲沃，渡过黄河，西行经山西的河中

卢沟桥上的石狮

府，到达陕西的京兆府。再由京兆府往山谷地带的西南方向走，到达四川的成都府。然后绕过吐蕃，进入富饶的云南省。该省有 7 个地区，由忽必烈的第五子忽哥赤及皇孙也先帖木儿分别统治。

马可一面旅行，一面将各地区的情况写成报告寄呈忽必烈。报告中谈到各地区的土特产、风俗习惯、建筑、名胜古迹，以及各种民间传说。他报告了西南盛产生姜、香料、绿松石、珍珠。当时欧洲人还不知道生姜为何物。他在报告中还谈到吐蕃边境的商旅队们，为了保护马匹不被老虎吃掉，就在宿营地附近，浓密的竹林周围生起了火。火的热力使竹子膨胀、爆炸，发出一连串巨大的爆裂声，声闻数里，一切野兽都吓得逃到数里之外。他还报告，云南藩王也先帖木儿的狩猎队长教给他怎样用长矛去捕捉大蟒。

访问边境外三国

旅行的头三个月中，马可作为忽必烈的钦差大臣，受到盛情款待。但是，在离开云南省，出了元朝管辖的地境后，路途就越来越艰险了，他进入了人迹罕至的缅国北部丛林。热带丛林是巨蟒、狮子、大象和犀牛的出没之地，护送队不得不随时提防。他们最后到了伊洛瓦底江。他们沿着河岸，骑马穿过不断加宽的山谷平原，晚上睡在筏上，在河中抛锚，以防御骚扰该地区的野兽，直到他们到了一个壮丽的城市——缅国首都蒲甘，这才放下心来。

几百年来，蒲甘都是缅国政治和宗教的中心。城内有许多金色屋顶的庙宇、神坛和寺院。每个庙宇或寺院，都附设一所学校或书院，由身披橘黄色袈裟的僧侣教授孩子们。全城最著名的建筑是缅甸蒲甘王朝的建立者阿罗隆多的陵墓。陵墓由大理石建成，首尾两端各有一座金字塔形的塔式建筑，底部宽阔，上面高耸，顶端装着有象征意义的球。一座金字塔全部包以饰金，另一座全部包以饰银。球周围挂着小小的银铃和金铃，随风飘动，叮当作响。陵墓底座覆盖银板，顶部是纯金的。

缅王接待了马可，但态度冷淡。缅王根据情报知道中国南方还未完全平定，反抗的烽火时断时续，蒙古皇族内部正酝酿着兄弟之争。因此，他想乘机夺取中国的云南地区。缅王手下有一支由缅国掸邦北部的土著组成的雇佣兵，这是东方最可怕的步兵。

马可见缅王露出不悦之色，怕被扣留，第二天便不辞而别，匆匆离开了蒲甘。

马可带着随从到了班加剌国，该国在缅国和交趾两国之间。班加剌国的国王愿意与元帝国友好，受元帝国的保护，以免被缅国吞并。班加剌国多阉人，多半是战争中的俘虏被阉割，有不少印度人来此购买，诸藩主或男爵有用阉人替他们看管妻妾的需求。班加剌国还有一种大牛，身高如象。

马可离开班加剌国之后，又访问了交趾国。交趾国由一个国王管辖，居民信奉佛教，自愿归顺元帝国，每年向大汗进贡。该国国王沉湎于享受，约有 300 个妃子，并且一听说哪里有美丽的女人，就千方百计地娶来为妃。

交趾国的人民，无论男女，都在身上用针刺出鸟兽的图案，文身花样最繁多的，就被视为最漂亮的人。

云南的独特风俗

马可访问了上述三国后，随即返回云南，立即写报告，叙述三国的情况，特别谈到缅国的不友好态度，并交给使者由驿路送往大都。马可回到云南后，又对境内的情况进行了一番考察。他发现云南主要有三个地区。

第一个是以昆明为中心的押契地区，由也先帖木儿统治。此地区以米为主食，食盐取自井盐。附近有个面积达 40 平方公里的大湖，叫滇池，里面有各式各样的鱼类。

第二个地区是大理地区，由忽哥赤统治，该地区首府就叫大理。这里的河流有沙金，山地则有大块的金块，是个盛产黄金的地方。此地还有一种凶猛的大蛇，白天潜在洞穴里，晚上则出来觅食，并在河流、湖畔饮水，若要捕获这种大蛇，先得深植一木桩于地，并在木桩上安置一把刀锋锐利的尖刀，然后以沙掩之，不露出痕迹。大蛇在上面爬行，就会破腹，立即死亡。据说这种大蛇的蛇胆可医治妇女难产和肿毒，售价甚高，所以有人冒险去捉。

第三个地区是金齿州，由酋长统治，但隶属元朝的版图，首府是

元世祖平云南碑，位于云南大理

永昌。这个地区的男女，有用金片镶牙的习惯。他们依照牙齿的形状，镶得十分巧妙，可以长期留在牙齿上。汉人称其为金齿蛮。

这地方的人，流行一种十分奇异的风尚。孕妇一经分娩，把婴孩洗干净包好后，交给她的丈夫。丈夫则抱婴儿卧在床上，接替她的位置，担负起护理婴孩的责任，共须看护 40 天。卧床期间，这一家的亲戚、朋友都来向他道喜。而他的妻子则照常料理家务，送饮食到床头给丈夫吃，并在旁边哺乳。

云南境内还有一种土人，抱定一种信仰，以为毒杀富人者，将继承其好运，所以对于外来富人借宿其家中者，往往下药毒之。被毒者吃了药后，过两三个月毒性始发，泻痢而死。这种毒害别人的方法，俗称"放蛊"。自从元统治这个地区以来，就采取了种种手段，镇压这种可怕的做法。由于严刑酷罚，这种做法已经不复存在了。

第十章

元朝最后的扩张

元朝与缅国的一场大战

马可在金齿州永昌考察时，听见斥候（古时侦察敌情的士兵）报告说，缅军正在边境集结，准备进攻金齿州。他火速派人向云南藩王也先帖木儿报告。也先帖木儿立刻来到了金齿州，部署边境防务。但边防军太少，只有1000骑兵，不足以抵挡敌军的进攻。马可等心急如焚，怎么也想不出退兵良策。但忽然传来好消息：纳速剌丁将军已率领12000人的蒙古骑兵队到云南来了。原来，马可送回去的报告，使忽必烈警觉到，缅国可能要发动先发制人的进攻。因此，忽必烈令纳速剌丁火速开赴南方，保卫兵力薄弱的边界。也先帖木儿和马可闻讯大喜，亲自到云南东部迎接大军。纳速剌丁带领部队马不停蹄向金齿州前线进发。

这时，斥候送来情报，缅军已越过边境，离永昌不远了。迎面而来的敌军，比原来预计的兵力要强得多。据可靠消息，敌军共有40000名骑兵和步兵，还有2000只作战的大象，每只象背上驮着一个楼寨，上有14—16名弓箭手。缅王的意图是占据整个云南。纳速剌丁闻讯有点犹疑，他只有12000人马，对战数倍于己的兵马和大象，并不占优势。而且，蒙古人从来没有与大象作过战。

马可和也先帖木儿劝纳速剌丁赶紧向大理和昆明撤退，等待援兵到来。纳速剌丁经过再三考虑，决定选择适于防守的地势，扎营防守，以逸待劳，等待翻山越岭前来的缅国军队，再图作战。他让部队守住永昌附近的一个大山谷，军队右翼紧靠浓密的丛林。他还召集了数百名当地居民，沿前线挖好战壕和陷坑，防止敌军正面冲杀，同时为自己骑兵通过壕沟和陷坑准备好了坡道。

战前，纳速剌丁在大帐里举行了军事会议，他鼓励下属军官说，虽然敌人数量多，但大多数是新兵和雇佣兵，成分参差不齐，缺乏作战经验。而蒙古骑兵则久经沙场，威名远扬，善于整体协同作战，一定能以少胜多，取得这场战争的胜利。马可也穿上了元军的盔甲，准备参战。

第二天早晨，缅军果然来了。马可从战壕里看到，一支浩浩荡荡的由象和人组成的队伍，从对面蜂拥而来，其中除主力战斗部队外，还有随军人员、炊事员、牧马人、驯象师等，漫山遍野，可谓声势浩大，似乎无法抵挡。

缅军在离元军一里的地方，就地停止前进。国王命令象群在第一线摆成长方形阵形，阻挡元军。象群两翼以及后面距离稍远的地方，是骑兵和步兵。队伍拉得很长，形成强大的后备力量，国王部署完毕，举起手中的象牙权杖。于是，缅军的冲锋号吹响了，战鼓咚咚，军士的吼叫声，震荡着山谷。缅军向元军发起疯狂的冲锋。

纳速剌丁的计划是等象群攻上来，然后迂回袭击缅军侧翼。他的骑兵一旦袭击敌人两翼，象群的作用就会受到限制，因为害怕象群践踏自己人。

缅军的象群越来越近了，纳速剌丁命令前三排的元军飞奔上阵，穿过防线中的小道，立即组成阵列向缅军横扫过去。他的作战的计划是，要他们分开，从象群两侧冲过去，袭击敌人两翼。

蒙古骑兵鼓足勇气准备冲过去，但出乎他们意料的是，他们的战马由于从来没有见过这样载着楼寨的庞然大物，怎么都不敢向前。虽然骑兵们竭力控制，但无济于事。马可也被吓坏了，眼看纳速剌丁的骑兵劲旅溃散，四处乱跑，场面一片混乱。

象群飞快朝元军奔跑过来，象背上的弓箭手已经搭箭弯弓，就要万箭齐发，一场不可避免的杀戮就要开始了。但是纳速剌丁十分谨慎，觉察到这场出其不意的纷乱，他沉着冷静，断然改变战术，命令士兵们下马，把马赶入丛林中拴住。他们下马后，立即徒步朝象队行列冲去，并且敏捷地开弓射箭。象群停不住，它们继续猛扑狂奔，也一下子冲进树林追赶他们，把大树和一些树丛连根拔起，狂怒地要扑向元军。

纳速剌丁同时下令前沿其余两线未参加冲锋的骑兵后退 400 米左右，撤到后备部队所在地。这时缅国的主力军看到半数以上的元军被赶入林中，于是就像潮水一样猛扑过来，直接冲向空虚的元军阵线，结果许多人马跌进元军事先挖好的陷坑和壕沟里，人仰马翻。后面的人马不能及时站住，继续前进，也相继跌进坑里，一层层压在前面跌下的人马身上。这时，丛林中的元军集中袭击象队，使得大象顷刻之间周身中箭，突然退却，向自己后列的士兵奔驰突击，顿时，缅军被冲乱了阵脚，场面混乱得不可收拾；站在象背上的人，也没有办法驾驭他们的大象了。

大象既苦于创伤的痛楚，又被进攻者的呐喊声所惊吓，盲目乱窜，不再听从指挥了。它们四处逃窜，无人带领，无人控制，最后象队为愤怒与恐惧所驱使，仓促奔进元军没有占领的一片树林中去。结果，粗大的树枝，毁坏了它们背上的楼寨，坐在里面的人也随之丧命。元军看到象队已经溃散，原先后退的所有的后备部队都投入了战斗，他们驱马跳过缅军尸体填满的壕沟，向士气衰落的缅军骑兵发动全面冲锋。双方互相射箭，飞箭如雨。元军弓箭术十分高超，不是缅军所能抵御得住的。特别是缅军大多未穿盔甲，伤亡就比元军要惨重得多。

猛然间，打败象群的元军，从树林中潮水般倾泻而来，重新骑上战马，向已经动摇的缅军左翼发起了冲锋，将敌人团团围住。缅军骑兵开始全线慢慢后退。

双方箭完矢尽，兵士们挥起长剑和铁锤，激烈对抗。霎时，只见刀光剑影，血肉横飞，重伤者不计其数，成批倒地，断臂折足，肢体支离，惨不忍睹。

缅王亲自出阵，命令兵士们稳住阵脚，不要因象队的溃散而惊慌失措。他企图召集后备部队，向前线派出步兵分队，掩护骑兵撤退，但是混乱局面蔓延得太快，已经回天乏术了。缅军的随军人员已经溃散逃去了，恐慌正在向步兵殿后部队蔓延。他们开始放弃阵地，许多人已向后转，急忙跟着随军人员逃跑，国王企图稳住队伍，重整军威，但根本没人理睬。前沿阵地失去了后备力量做后盾，也开始动摇，撤离阵地。一瞬间，就像河堤决口一样，一泻千里，缅军全线崩溃，仅存十分之一的骑兵也开始逃窜。缅王感到再也无法招架下去了，于是被迫带着残部夺路逃跑，退却路上，又有不少人在追击中被杀死。

这场战斗，自早至午，双方损失惨重，但是元军最后取得了胜利。有一点也许是很重要的，即元军的阵地侧翼，有树林掩护，缅王不应该在这个地点进行攻击，而应设计将元军诱至空旷地带。如果在空旷处，元军就无法抵挡武装象队的进攻。

元军打扫了战场以后，便收兵回到象群逃往的树林中，准备捕捉那些大象。在那里，他们发现那些从象背楼寨上幸存下来的人，正在大砍树木遮挡道路，准备自卫。元军立刻杀掉了许多敌人，留下那些惯于驾驭大象的人，并借着他们的力量，擒获 200 余头大象。

这场战事成为书写传奇的好材料。马可回到京城，头上戴了很多顶象征荣誉的桂冠。尽管他声明自己没有出什么力，也无济于事。人们传说马可带领一支 2000 人的魔术师军队，打败了数万强大的缅军。这个魔术师大军的故事，从此流传于中国的市井里巷之间。

后来元军成功地攻入缅国境内，并占领了缅国首都蒲甘。元军中有人主张拆除那神奇的金塔和银塔，作为战利品运回大都。忽必烈知道此为缅先王死后安灵之所，于是下令不准毁坏，所以这两座塔没有受到损坏。这场战争使缅国最终臣服于元朝。

忽必烈准备征服日本

有一天，忽必烈召见马可，问他说："马可，你上次到福建考察，你对泉州的印象如何？那儿的造船情况怎么样？"

"陛下，那儿已经造出了许多大船，竖起的大船桅杆，远远望去宛如树林一般。"马可报告了泉州港的情况。

"好！这次，我们可以征服日本了……"说到这里，忽必烈似乎很不是滋味，也没有再往下说，一股羞恼的情绪涌上他的心头。

那是 1274 年，也就是马可一行到达上都的那年。忽必烈派了许多大船和军队，去攻打日本，但是中途被暴风袭击，受到重大损失。

既然已经遭到失败，为什么忽必烈又想征服日本呢？原来，当时元朝流传着一种传说，说日本是一个盛产黄金的地方。

"日本的皇宫的屋顶是用黄金盖成的，宫殿里的道路和地板都是用约 10 厘米厚的纯金的金砖铺的，甚至窗户框子也是金子做的。"

这种传说传到忽必烈的耳朵里，令他心动不已。难怪忽必烈一心想把日本征服。

马可想，万一大船队再出问题，损失可不得了。于是，他对忽必烈说："陛下，如果我们不征伐日本，而用我们的物产去换日本的金子，你看怎么样？"

"那不行，我非雪前番失败之耻不可。"忽必烈断然拒绝。蒙古人建立的元帝国，败于一个小小的岛国日本之手，这口气，对忽必烈来说，着实难于下咽啊！

但是一些蒙古老将反对征讨日本，他们认为蒙古人打仗离不开战马，蒙古人的征服只限于马儿能跑到的地方。大海使蒙古人失去了战斗力。积极支持忽必烈征讨日本的大臣主要是阿合马，他的理由是大元帝国许多地区面临困难：水灾、北方的瘟疫、被战争蹂躏的南方发生饥荒……只有通过战争获取更多的黄金，各种经济困难才会迎刃而解。日本又出产珍珠，尤其是玫瑰色大型的珍珠特别美丽。此外，还产有各种宝石。总之，在阿合马眼里，日本是个非常富有的国家。阿合马从他的理财家的立场出发，认为征讨日本是势在必行的大事。忽必烈一向对阿合马言听计从，见阿合马积极支持他出征日本，于是他的想法更笃定了。

中世纪的日本，的确是个产沙金的国家。在宋元时代，日本常以金子与中国交换各种物品，宋朝的铜钱就是这个阶段流入日本的。但如果说日本的黄金多得可以制造宫殿的屋顶和门窗，那是很不真实的。

马可为了了解日本的真实情况，特地访问了一个上次战争俘获来京的日本士兵。此人是个制陶工，在战争中受伤，双目失明。他一面继续用湿的黏土做泥坯，一面向马可介绍日本的情况："中国人把我的国家叫作日本国，意思就是'日出之邦'。这是个很好的名字，因为太阳喜爱这个国家，使它风光绮丽。清晨，朝阳的光辉把房屋和塔顶照耀得金光闪闪。到了傍晚，姑娘们歌唱着。夜空荡漾着音乐和友爱的细语。在我的国土上，即使是风，也是亲切的。"

"这是一个和平的国度吗？"马可问道。

"和平？不，朋友，"这个日本陶工叹气说，"有许多事情把我国的百姓搞得东零西散——宗教上的争吵、争夺土地的纠纷，有钱的尽力维护自己的财产，而且随时准备为掠夺更多的财富互相残杀。于是，就出现许多骄横的大家族，出现了我们称为日本武士的骁勇善战的人。他们既豁达慷慨，又残酷无情——他们为战争而生，决不肯放下自己的武器。"

"但是，这样一个四分五裂的国家，怎么能将蒙古人赶出国境之外呢？"马可不可理解。

陶工向他伸出一只手，将五个指头张开。"这些手指头彼此都不一样，对吧，朋友？但是，你看，"他将手指合拢，紧紧握拳，"现在，这些手指变成了一个拳头，它们团结起来，就变得坚强有力。我的国家在受到外敌攻击时，一切吵闹就立刻停止了。举国上下一致奉行天皇的圣谕，服从大将军的命令。整个日本国就好像是一颗心在跳动着。日本武士们对外作战时，宁愿剖腹自杀，也不愿吃败仗。"马可倾听着这个老陶工的言论，有"听君一席话，胜读十年书"的感觉。日本是个岛国，面积狭小，但人民的凝聚力极强，大汗要征服日本，可没有征服涣散的南宋那么容易。何况中间还有一片海洋，劳师而袭远，乃兵家之大忌也。

御前军事会议上的争论

马可住在大都，时常听人谈起对日作战的形势。其实，早在对缅国作战之前，大汗就着手征服日本的准备工作了。1275 年，忽必烈派礼部侍郎杜世忠、兵部侍郎何文著、计议官撒都鲁丁出使日本，劝日本归附元朝，同时下令军队加紧在高丽屯田，生产粮食，以备进攻日本之需。此外，他强令高丽征募工匠数万人建造战船数百艘；1279 年，又下令扬州、赣州、泉州等地制造战船 600 艘。

在元灭宋的战争中，大批南宋将领以所部军队投降元朝，被称为"新附军"。这些新附军人数很多，降将范文虎统领的就将近 10 万人。忽必烈很不放心，担心这些南人的军队造反，于是想出一个计策，让这些军队去攻打日本人，借日本武士之手对付这些不稳定的军队。于是，忽必烈命范文虎负责征日之役。范文虎受命后，也派了两个使者和一个南宋时来中国的日本僧人，去日本传递忽必烈的诏书。

当年杜世忠等人到日本后不久，就被捕送至镰仓幕府处死了。但直到四年以后，有四个护送使臣的高丽水手从日本逃回，才带来了他们被害的消息。范文虎派去的使者也遭到同样的命运，一去不返。

1280 年，杜世忠等人被害的消息传到元朝宫廷。忽必烈于盛怒之下，立即召开御前军事会议，讨论对日作战的问题。在会上，忻都报告了上次征日的情况。那次他只带了 15000 人，乘坐 900 艘战船，与日军交战，取得了不少胜利。后来因博多湾（今福冈附近）起了台风，战船大部分毁坏，并且人数太少，弓矢用尽，所以不敢深入日本本土，遂掳掠四境而归。忻都认为上次攻日只是一次试探性的军事行动，这次如果加派一支庞大的队伍，多带些给养和装备，改进战船，一定马到成功。忻都请求这次仍旧由他领兵往讨。忽必烈答复说，忻都上次劳苦功高，应予奖赏，但他毕竟是色目人，不谙水战，所以这次征讨的事不能全靠他，还须起用降将范文虎。范文虎在江南指挥水军数十年，经验良多，这次征日应以其带领的江南水军为主力，忻都带领的蒙古兵为配合力量，两支队伍协同作战，定能取胜。会上，高丽军民总管洪茶丘汇报了战船和给养的准备情况。他说战船大多已造好，粮食给养已准备充足，可供十多万人吃一年。

御前会议的王公大臣们听到忽必烈马上要进攻日本，感到很震惊。一些文武官员也同样感到震惊，真金显得很焦虑。马可看到忽必烈完全被征服的贪欲所驱使，感到无能为力。

有一位贵族举手要求发言，忽必烈不理会他。但他是成吉思汗的嫡系子孙，所以不肯保持沉默，他说："不要在盛怒之下失去理智吧，陛下。今天我们是有悲痛，可是到了明天，如果去打仗，可能悲伤就是今天的千百倍了。"

另一位年老的勋将也发表意见说："我们不要失去理性而去作战，我们应当进一步深思熟虑和计划。"

真金为激情所窒息着，尽力插话恳求延缓战争："听他们的话吧，父皇。如果我们贸然地……"

"够了！你们说的这一切，朕听够了，"忽必烈发怒了，"朕对你们不顾事实的种种遁词、谨慎小心，再也无法容忍了。这些话都不过是恐惧和懦弱的借口而已。你们说我们不要到海上去作战，这是懦夫的言论，上天赐给蒙古人的世界就是由陆地和海洋组成的。我们要占领日本，占领爪哇和南洋群岛，占领大洋中的全部岛屿。据说有一万多个，我们要一个一个去攻占，也许东面的大洋中还有另一块大陆呢？我们应有探险精神。"他再一次宣布了他的决心："今天朕的使臣被日本国斩首了！我们对他的回答就是战争！战争！战争！"

忽必烈怒气冲冲地奔出了议政厅，高丽国王、忻都、洪茶丘等紧跟在后面。议政厅内长时间回响着嘈杂的议论，与会的王公大臣们纷纷议论着刚才发生的事。

阿合马任命马可为扬州地方官

御前会议过后不久，阿合马亲自前来拜访马可一家。阿合马是个权臣，他屈驾来看望威尼斯人，一定另有目的。"来者不善，善者不来"，果然，他一落座，就开门见山地说，八思巴已经在大汗面前，说了马可的坏话。他说马可对太子真金有很坏的影响，分散了太子对自己职责的注意力，并用﹒些和蒙古精神格格不入的思想毒害了太子。马可听了，正要反驳。阿合马又假惺惺地说："我知道你与太子之间的友谊是真诚的，那些批评你的人是出于嫉妒。但是你越是驳斥，就越会强烈地激起这种嫉妒心。"于是他宣布自己的决定说："马可，你最好还是回避一下这种恶意中伤。我决定委派你到南方去任职，离这儿远远的。"

阿合马告诉马可说，他的任务是协调盐务的生产和运输；同时，率领一批课税官，和他们合作，整理出扬州城和该地区的课税情况。阿合马还说他可以和叔叔马窦一道去，并要他们第二天清早就动身。

阿合马是尚书平章政事，位同宰相，一人之下，万人之上。马可不敢违抗，立刻整装起程，行前向真金辞行。

扬州东关街马可·波罗雕像（刘汉铭摄）

马可好不容易才找到了真金。太子真金在郊外的山丘地带休息。马可见到真金后，有好多话要说。但伴君如伴虎，朝廷政治太错综复杂了，这使他不敢多说话。他只简单地告诉真金说，自从他请求大汗再次考虑他的征日计划以来，大汗就疏远了他。

真金说，随着年纪的增大，大汗处事没有过去那样英明了。他不甘心上次征日的失败，明知蒙古人不会海战，却要继续拿士兵的生命去冒险。现在他只相信阿合马和八思巴两人，其他人的忠言都听不进去。当然，这两个大臣都很有才干，但权力可以腐蚀最有才干的人。

马可告诉真金说，他是来辞行的，因为阿合马派他去南方督察税收，尽可能为国库增加收入。这个任命得到了忽必烈和八思巴的支持。他明天就动身。

真金痛苦地说，他们都想把马可从他身旁支开。他的父皇之所以要支开马可，是因为不允许他的继承人与他有不同的政见。而阿合马的动机可能是他渴求日本的黄金，不希望有人影响大汗改变征日的决定。而八思巴的意图是再简单不过的，他要使佛教成为国教，当然要把马可这个基督教徒从太子身旁支使开。真金还指出，八思巴是有功绩的，他为蒙古创造了一种新的文字系统。蒙古人原来是没有文字的，因而不可能记录自己的历史和传说。畏兀儿人塔塔统阿首先以畏兀儿文字书写蒙古语。而八思巴则为蒙古人创造了一种独立的文字，这套新文字于1269年正式颁行。八思巴对促进吐蕃与中原的文化交流也卓有贡献，被封为国师和大宝法王。但八思巴对其他宗教都抱敌对态度，缺乏忽必烈那种宽容精神。

真金最后对马可说，他从小受汉文化熏陶，知道汉文化源远流长，他希望蒙汉一家，建立一个民族融合的东亚强国。汉族官员都寄望于真金，希望他能早日秉政，大兴汉法。但他对前景不乐观，因为旧势力太强了，他势单力孤，改革很难推行，何况他身体不好，疾病缠身……说到这里，真金靠在一棵大树上，闭上眼睛，休息了一会儿。他下面的话几乎就像呓语："我多么希望能够和你一起啊，我的朋友。"

"不要多久，我们又会重新相聚的，"马可向他保证，"到那时，你的身体就会好起来。疾病会过去，你会又健康又快乐。"

真金摇着头，紧紧抓住大树。"当一个蒙古王公或他的儿子快要死去时，人们就把他送到一棵大树跟前，让他背靠着树，站直身子，量出他的身长，然后把树挖空。当他死去之后，这棵树干就装着他的躯体，被深深地埋进地里。他的坟墓上不立墓碑，却栽上一棵年轻、茁壮的新树。"他的声音现在变得微弱了，好像梦呓。马可对此感到震惊。"父皇已决定让我住在上都，直到我完全恢复健康才回来。"

"乡间的空气对你会有帮助的。"马可鼓励地说。

"不，我的朋友。已经太晚了。"他用手环抱他靠着的那棵树干，"我想我已经找到我的树了……"

烟花三月 下扬州

赴扬州就任

按照中国的官场惯例，京官调到地方去是一种贬谪。马可从大汗的特使、钦差大人和太子近臣的位置上被调到扬州去当一名有名无实的税务监督官，的确是一种贬降。也就是说，他已失去了忽必烈大汗的信任，成了宫廷中钩心斗角的牺牲品，被权臣阿合马和八思巴逐出了京师，甚至他的叔父马窦也受到了牵连，陪同他下放至地方工作。不过，马可和他的叔叔马窦对于中国官场的这些惯例不太了解，因而对这种所谓贬谪和失宠不甚计较，也不像中国历史上许多做大官的文人学者一样，一出京师就大作愤世嫉俗、怀才不遇的诗文，倾诉自己满肚子的委屈。马可出于自己的天性，对于自己这次贬官不仅不当一回事，反而十分高兴，因为他又有一次游历江南的机会了。再者，作为一个客居中国的外国人，远离宫廷纠纷毕竟是件好事，皇城内的生活，尽管豪华奢侈，却受到严格的限制；他在新职位上，会有多得多的自由。在官品上，他在扬州的职位仅次于军事总管，可以说是扬州的第二把手，何乐而不为呢？也许他还可以借此机会为地方上的百姓做些好事呢。至于他的叔叔马窦，对得到这次出京游历的机会也很高兴，他在京城里听人说在扬州城附近的深山里，住着一位高人。人们还说，他懂得长生不老之术，还掌握点石成金的奥秘。马窦决心去寻访这位高人，学习点石成金术，变成巨富回到威尼斯，让总督和全体元老们都俯首听他的命令。

扬州的军事总管名叫秦不花，是个蒙古人，早就与马窦熟识。他把马可和马窦两人当成钦差来接待，摆出酒宴为他们接风。酒宴上马可认识了扬州的课税使塔里布。此人是阿合马的亲戚，倚仗阿合马的势力，明显瞧不起马可。

马可来到扬州官署下榻后，首先对当地市场情况进行考察。他发现为增高国库收入，税收大大提高了，而且苛捐杂税很多。成群结队的收税大军，在市场上严密监视着交易的进行，对人们每一次成交的物品都要勒令交税。商品过桥也要征收过桥税，而扬州城内石桥很多，所以小商贩叫苦连天。他的考察旅行花了两个月时间，不但走访了扬州城内的市场，而且去了一些较小的市镇、乡村、农庄和鱼市。

他发现当地的税收工作十分混乱，塔里布老是交不出扬州的课税清册，而宋朝留下的税务署档案也根本没有整理出来。马可是一位要员，人们对他阿谀奉承，总管每天都宴请他，把一天的时间排得满满的，但是办公事却迟缓拖延。秦不花不断向他暗示：事情最好顺其自然，不要多插手。这把马可惹火了，他不想当一个傀儡，于是他派人请了郝略来。这位老官员很高兴又能和马可一起共事。他们起用了几个前任的汉族文职人员，着手整理档案，制成各种表格，把全部档案编成了索引。

马可同马窦继续督察旅行，他们一面视察，一面估定税额，并亲自做记录。他们考察了为士兵制作盔甲和军服的工厂，了解了农业税的情况，视察了丝绸作坊和纺织作坊。他们发现，扬州地区生产出的财富是惊人的，然而对大部分老百姓却无利可图。财富都直接进入国库和贪官污吏的腰包。贵族和官员们拥有许多土地和巨大的庄园。中国是统一了，但江南并未得到治理，而是作为劳动力的来源，单纯地被剥削着。

有一件事在马可心头留下了很深刻的印象。他和马窦有一次站在港口上，看着一条官家运米船在装载大米。农民们在士兵的监督下，把自己辛勤生产的粮食背上船，倒进船舱里。有一个农民未倒空米袋留了一把米，结果遭到士兵的毒打。

有一天，马可等来到一个小镇，看见那里店铺都关了门，街上也没有多少行人。原来该镇的剧场里正在上演戏剧《窦娥冤》，所有的生意人都歇业看戏去了。郝略告诉马可说，中国戏剧起源很早，早在唐代民间就有戏剧表演。宋代的一些大城市中都有戏院，名叫勾栏，许多民间艺人在里面进行说唱表演。元朝的杂剧是吸收了宋金以来的诸宫调而产生的新的戏曲形式。杂剧把歌曲、说话和舞蹈动作融合在一起，成为一种综合性的戏剧艺术。杂剧的题材十分广泛，内容异常丰富。马可在家乡威尼斯只看过内容古板的宗教剧，内容都是《圣经》上的故事。他从未欣赏过以民间题材创作的戏剧。他住在大都的时候，虽然听说有"玉京书会"等杂剧团体，但因居于深宫内院，从没有机会欣赏到这种民间杂剧。现在深入民间考察，正好遇上这种十分受欢迎的杂剧表演，他自然要去观赏了。

小镇没有专门的剧场，剧团在古庙的谷仓前面的打谷场上，搭起

《窦娥冤》插图

了一座戏台。两根竹竿中间，扎起一块布，作为布景。全镇的人，还有附近的农民，都聚集在台前，观看杂剧的演出。

马可等人出现时，戏班众人都呆立在台上，观众都回过头来。他们本来谈笑风生，场面热闹，但此刻欢声笑语都停止了。马可示意卫兵收起随身携带的武器，站到观众后面去，他和郝略、马窦等盘腿坐在一旁，等候演出。

有一个戏子站在舞台一角，没有化装，好像是领班。他在觉得此刻已没有危险之后，就拍拍巴掌，让他们继续演下去。

这场戏演得十分精彩，台下时时发出掌声和喝彩声，观众的思想感情完全被剧情吸引住了。大家都为窦娥的命运流下了眼泪，这些平民百姓联想起自己生活中的不幸，更加痛恨剧中的贪官污吏。

《窦娥冤》实际上是当时那个时代的悲剧。在元朝的统治下，人民的生命财产没有保障，常常面临着倾家荡产、卖儿鬻女的威胁；而地痞流氓勾结贪官污吏，谋财害命、无恶不作，屈死了无数个窦娥。剧中窦娥喊出："衙门从古向南开，就中无个不冤哉！""为善的受贫穷更命短，造恶的享富贵又寿延。"这是一位受压迫和欺凌的妇女对时代强烈的抗议。剧中的楚州（暗指扬州）太守桃杌是当时社会一切贪官污吏的缩影，他说的"我做官人胜别人，告状来的要金银"，是他内心世界的真实吐露。

等演出结束后，马可走到谷仓里，找到那个领班，对他说，这个杂剧太深刻了。马可作为一个元朝官吏，看了这幕剧后，就像鞭子抽在背上一样难受。

那个领班自我介绍说，他名叫陆思肖，自幼攻读诗书，立志考取功名做官。现在国破家亡，已无心读书了，便组织一个戏班，在各地巡回演出。他还说，这个杂剧不是他编写的，编剧是远近闻名的关汉卿，现在住在扬州郊外。陆思肖随后表示他愿意带领马可拜访关汉卿。

拜访戏剧家关汉卿

关汉卿住在郊外的一座山庄里，建筑典雅，但又不太引人注目。围墙内有一个漂亮的花园，地约三亩。房屋的围墙十分厚实，足以防御不法之徒。这位戏剧家听见钦差马可大人来了，出门相迎。

进屋寒暄之后，关汉卿吩咐向客人献茶。随后，一个十分标致的少女端着古色古香的茶杯服侍左右，请客人们品尝杭州出产的龙井茶。

关汉卿经营戏剧事业，家道殷富，家中养了一批歌女，为各地贵族和富豪演出，收费甚高。今天见马可大人来了，关汉卿便唤出一位歌女，免费表演一曲。

那歌女手抱着琵琶，远远地坐在椅上，转轴拨弦，把琵琶的音阶校正，星眸微转，樱唇乍启，慢慢地唱了一阕柳永的《雨霖铃》。声调柔曼，吐音清朗。

马可和马窦虽然不能透彻地理解词中之意，但那音和色已足够令他们陶醉。

歌女一曲既罢，笑道："唱得不好，老爷们多包涵。"

关汉卿像

马可道："你别叫我们老爷。我们并不是蒙古人，我们是西方人。"

少女笑道："可你们这些西域的色目人也害得我们好苦，苛捐杂税全是你们色目人想出来的，现在南方人恨不得吃阿合马的肉呢。"这位少女把南人对蒙古人和色目人的痛恨直接表达出来了。

陪同马可而来的陆思肖说，阿合马以兴铁冶、铸农器官卖，以及增盐税、理算钱谷等手法，大肆搜刮江南人民的财富，以增加财政收入，还派爪牙在江南选美女供自己享乐，荒淫无度。他还以清理江淮钱谷的名义，打击异己。汉法派崔斌在江南甚得民望，自从调任江淮行省左丞以来，在江南更换阿合马安排的爪牙 800 人，惩治贪官污吏，江南百姓称崔斌为"崔青天"。可是阿合马诬陷崔斌盗官粮，定罪加以杀害。皇太子真金知道这件事后，立即派人制止，但没来得及。

马可听到这些议论，想到自己也是阿合马派来整理江南税务的人，感到如坐针毡。

关汉卿说："这些事也说不明白。还是听姑娘再唱个曲子吧！"

少女答应着又唱了起来，这次唱的都是李煜的词作《破阵子·四十年来家国》，唱到最后两句："教坊犹奏别离歌，垂泪对宫娥。"音调凄凄，直可断金裂石，那琵琶的回弦有一弦"咚"的一声应声而断。

音沉响绝，那少女以袖掩面，不觉失声。

关汉卿叹道："这真是亡国之音。江南人民常常想起亡国的痛苦。"

但悲哀的气氛没有保持多久。那少女把断弦接上，重新调音，音转高亢。那是苏东坡的词《念奴娇·赤壁怀古》："大江东去，浪淘尽，千古风流人物……"

马可和马窦对望一眼。在这悠远的曲声中，他们自觉渺小，此身仿佛蜉蝣。通过欣赏音乐，他们对中国厚重的文化有了体会，感慨颇深。

那歌女唱到最后一句"一尊还酹江月"，飞舞着的纤纤手指突然止歇，凄然的情已消，露出傲然之色，向众人行过礼后，抱着琵琶走了出去。

马可自己也说不出是怎么回事，他只觉天地悠悠，余音绕耳，如痴如醉。

关汉卿向马可解释说，席上演唱的歌词是南唐后主和宋朝的诗人写的。这些诗人都久居江南。

马可说，今天听见的音乐使他感到，蒙古人虽然统治着江南，但南人的文化并没有灭亡。

陆思肖说："尽管蒙古人把南人编入最下一等，但其实南人才是中国的真正统治者。蒙古人和色目人所享受的一切，哪一样不属于南人文化？再看这些店铺、田庄和园林，哪一样不在南人手里？"

马可说："但只要大汗一道命令，一切都将马上易手。"

"那没有用，凡属于南人的还是属于南人。南人有自己的文化传统，能够创造，侵略者破坏了旧的，南人又可创造新的，蒙古人能创造吗？色目人有南人这么强的创造力吗？所以我说南人其实仍然是真正的统治者，天下仍然是南人的。"

马可不尽同意。在一个标准西方人想来，占领并且统治着一个地方，就是那地方的主宰，而被统治者就是奴隶。西方历史上的征服总是文化与武力并行，很少有武力征服而在文化上遭到反征服的。所以他不能理解，也不愿和陆思肖辩论，于是把话题转向艺术。他说现在西方宗教势力强大，因而艺术比较少，艺术只有在宗教力量比较薄弱的地方才能产生。而西方除了呆板的宗教剧外，没有轻松活泼的世俗戏剧。这次他在中国看到了表现世俗人情的戏剧，这令他永世难忘。

古希腊也有世俗戏剧，产生了悲剧作家埃斯库罗斯、索福克勒斯、欧里庇得斯和喜剧作家阿里斯托芬，那是在约公元前 5 世纪的雅典产生的。希腊的雅典城每逢节日，便由国家出钱上演戏剧，并组织公民集体观看。雅典戏剧的发展应归功于剧作家与观众的密切联系。如埃斯库罗斯在取得萨拉米斯战役胜利的公民面前上演他根据该战役改编的《波斯人》一剧。索福克勒斯在他的悲剧中常常提到诸神，可是他主要关心的不是宗教问题，而是各式各样的人。欧里庇得斯在戏剧中毫不留情地表现诸神的缺点。阿里斯托芬的喜剧则充满对社会的讽刺。

中国尊崇儒家思想，所以中国杰出的思想家和艺术家都是注重现实的。中国从未产生过欧洲那样的僧侣阶级。因而，存在于欧亚其他文明中的教士与俗人之间、教会与国家之间的巨大分裂，在中国是不存在的。由此可见，八思巴想要在中国建立一种统一的宗教的企图注定是要失败的。中国也没有与印度史诗相当的东西，因为印度史诗饱含玄学，其内容多与个人的灵魂得救有关。中国人的经典和文艺都强调人在社会中的生活，尤其是强调家庭成员之间、君与臣属之间的关系。关汉卿说自己的戏剧旨在反映中国社会生活的面貌与人在社会中的活动，以及当前社会各种有待改进的弊端。

最后，马可向关汉卿和陆思肖两人打听张士成将军的下落。陆思肖说，他认识张士成将军，此人在山中隐居修道，如果马可想见此人，他可代为领路。

成吉思汗和长春真人

张士成在扬州附近的一个道观里任道长，马可访问该道观以前，先对中国的道教作了初步的了解：

道教是中国土生土长的宗教。以炎黄始祖黄帝为教主，以老子道君为圣人，合称黄老。其创始人为太平道的张角和五斗米道的张道陵。张角是巨鹿人，他利用《太平经》传播道教。后来张角试图以武力推翻东汉王朝而取而代之，发动黄巾起义。起义被镇压后，太平道也散亡了。五斗米道的张道陵，是东汉时期江苏丰县人。141 年，他率弟子来到四川鹤鸣山住下，作道书 24 篇。不久弟子多达数万，凡入道者交米五斗，所以称五斗米道。张道陵自称天师，后世又称之为天师道。

唐、宋时期，道教昌隆，与儒家、佛教并称，为天下的三大宗教之一。

金元时期，道教内部发生重大变革，出现了太一道、真大道、全真道等新的道派，其中全真道对后来道教的发展影响最大。全真道的创始人王重阳，金朝道士，原名中孚，字允卿，号重阳子，陕西咸阳人。传说他在甘河镇遇异人，得修炼秘诀，于是抛妻离子，在终南山一带苦行修道。后来到山东云游讲道，并制定道士出家制度，称为"全真"。

王重阳有弟子七人，分别是马丹阳、丘处机、谭处端、刘处玄、王处一、郝大通、孙不二（女）。其中以丘处机名望最盛。

丘处机，字通密，号长春子，登州栖霞（今属山东）人。19岁时，在宁海拜王重阳为师。1170年，王重阳死，丘处机扶其枢至陕西，遂穴居潜修。金宣宗贞祐二年（1214），山东大乱，金朝请丘处机前往招抚无法讨平的登州、宁海。其所到之处，盗贼都放下武器，停止暴乱，于是丘处机的声望与日俱增。

这时金朝和南宋都召请丘处机前往。但是，金朝已奄奄一息，南宋政权腐败衰弱，精明的全真道领袖拒绝了它们的召唤。与此同时，一位名叫刘温的医生向成吉思汗推荐丘处机。他吹嘘丘处机已"三百余岁"，"有保养长生之秘术"。于是，成吉思汗遣刘温持虎头金牌，传旨敦请丘处机。这位七旬高龄的老道士带上18位弟子，立即应诏西行，前往中亚谒见成吉思汗，从而揭开了全真道历史上极为重要的一页。他们每到一处，总有士庶奉香火迎拜，羽客长吟前导，王公大人进诗勉志。这说明他们实际上是代表着中原汉地的各族地主阶级去与最有实力的蒙古大汗交流。

丘处机等历时三年多，行经数十国，于1222年到达雪山上的成吉思汗行宫。成吉思汗见到他，慰勉他说："其他国家请你去，你全拒绝了；现在你不远万里，来到我这里，我十分欣赏你的诚意。"丘处机立即回答说："我是山野老朽，现奉诏而来，是因为你代表天意。"接着，成吉思汗问他有没有长生不老的药，丘处机回答说："只有养生之道，没有长生之药。"虽然没有长生之药，成吉思汗却没有失望，而是嘉勉丘处机的诚实，并在他自己住的大帐的东面设置了两顶帐篷，让丘处机等住下来。这说明成吉思汗重视的并非长生术。

接着，丘处机对成吉思汗讲了三次道，内容大致有五个方面：一是，保养身体之道在于戒声、色、欲；二是，帝王乃天人下凡，代天行道，有安抚百姓的使命，要善自珍重；三是，山东、河北皆天下美地，得之者必为大国，大汗应学习金人初入中原时的经验，先找一个代理人进行统治，待熟悉情况再亲自进行统治；四是，治天下施仁政，当选贤任能；五是，历述信道的好处。显然，丘处机所论已大大超出了宗教的范围，在一定程度上表达了汉地统治阶级的政治愿望。

成吉思汗对丘处机倍加奖谕。他令大家尊呼丘处机为"神仙"，把诸王子集合起来，向他们宣讲"神仙"的话，把丘处机作为一个可靠的宗教领袖加以信用。

1223 年，丘处机请准归乡，成吉思汗下诏说：丘神仙的门人免去一切差发赋税，并且命令丘处机掌管天下道教。丘处机归国途中，所过之处迎者数千人，盛况空前。1224 年，丘处机回到燕京，居住在天长观（今北京白云观）。此后，成吉思汗对他的褒赏有增无减。每次有使者赴行宫，皇帝必问："神仙安否？"1227 年，丘处机病逝于北京。他死后，全真道一直兴盛发达。忽必烈一统天下后，全真道就靠丘处机和成吉思汗当年这一段渊源，渡河越淮，直通长江，扬州的道观亦入全真法统。

访问江南道观

　　马可读了一些道教的资料，对这门宗教有了初步了解。他知道，早在 2 世纪，关于道家的一些传说已传入西方世界，一些西方古典作家对道家养生术表示浓厚的兴趣。道家的炼丹方术早已在西欧传播。他相信《道德经》将和《圣经》一样，成为在世界上流传很广的古老经典。他不远万里来到中国，看看正宗的道观是很有必要的。

　　他和马窦、郝略、陆思肖一同步入扬州附近的一座名为"重阳宫"的道观，寻找张士成将军。这道观有徒众 300 人。女道士几乎占了 1/3，既有妇人，也有少女。她们束发至顶，宽柔的道袍披在纤细的身体上，看去自有一种绰约的轻灵之美。她们谦和而庄严，对外人的态度不卑不亢。

　　一个中年道士出来迎接他们，陪同他们参观大殿，他们见正殿中供奉着太上老君的塑像，偏殿中供奉着吕洞宾的像。吕洞宾是晚唐人，隐居终南山等地修道。道教全真道尊他为北五祖之一。

　　参观完毕，中年道士说："本观道长张士成请四位老爷至丹房待茶。"这个中年道士引领他们转过殿后一路走去。

这所道观很大。殿后古树参天，还有许多奇花异卉和一对白鹤。中间一条青白板铺成的甬道，既阔且直，通向后院。一路上不断遇见本观道士，均站在一旁稽首为礼，待客人过去方才走动。

走过甬道，穿过一座拱月洞门，里面是个小小的院子，建有三间丹房。

中年道士侧身让客，请三人进门落座，在下首相陪。道童送上茶来。

马可一面喝茶，一面四下打量。所谓丹房，其实只是静室，并没有什么炼丹炉之类的东西。正中挂着一幅画，画中有一个老道士居中盘坐，后面六男一女恭敬侍立。这八个人神态各不相同，而且个个画得栩栩如生。

中年道士拂尘一指道："这是本教的祖师王重阳真人和门下七大弟子，都已仙去多年了。这幅画是长春真人丘处机道长所绘，为本教镇山之宝。普天下有十八所重阳宫，如今每家一年，轮流供奉。"

那中年道士还说，当年成吉思汗西征，杀人无数，无一人敢加劝阻；唯丘处机与他日夕辩驳，几次险惹杀身之祸，竟得保全了不少孑遗。现在中土百姓听见丘处机三字，无不肃然起敬。

中年道士朝着马可和马窦二人说："两位大人来自西土，可曾经过撒马尔罕城？"

马可说："怎样？"

"我丘祖师穿大漠，越雪山，抵撒马尔罕城谒见成吉思汗。当时此城新降，尚有孑遗30万人，若非我丘祖师冒死苦谏，那30万人已做了刀下之鬼。所以西域一带，至今到处供奉长春真人的神位。"

马窦说："不错，我来时曾在数处见过，问起来都说是一位中国仙人，想来供奉的就是长春真人了。"

大都风波

江南民众声讨阿合马

从道观归来后，马可公务繁忙。某日，马可抽空再入道观，赴张士成所设宴席。席间，陆思肖向马可出示了一份江南民众声讨阿合马的檄文。

马可接过文件细看，只见上面写着：

权臣阿合马，出身卑微，秉性庸劣。战乱之年，因缘获用。察言观色，骗取同僚信任；阿谀奉承，欺罔正人君子：巧言令色，博得皇帝宠幸；用尽巧智，满足大汗嗜欲。一意媚上，夤缘入阁。骤然得宠，青云直上。本为西域回鹘人，居然秉政中土，原以外戚入宫，越次掌权中书。翻手为云，覆手为雨。胸无点墨，偏要领选士林，无德无才，敢与汉儒比高。朝廷大臣屡擿其奸，他仍风雨不动，地方百姓联名上诉，遭他打击报复。炙手可热，势倾朝野。子孙尽有冠带，亲戚名列朝班。一人得道，鸡犬升天。结党营私，爪牙遍布全国，卖官鬻爵，群魔乱舞中原。专权独断，残害无辜，排斥异己，荼毒缙绅。人神之所共愤，天地之所不容。况且蛇蝎之心，豺狼之性，搜刮民财，不择手段。官商暴利，盘剥人民，苛捐杂税，敲骨吸髓。四体不勤，不知稼穑艰难，牧奴见识，专门摧残农业。大灾之年，征敛愈急，内纳货贿，外示刑威。一手遮天，国之大蠹。赵高指鹿为马之行，公众共察，司马昭弄权篡国之心，路人皆知。家中堆金积玉，富甲天下，吃喝生民膏血，穷奢极欲。加以狼心狗肺，灭绝人伦。色胆包天，蹂躏妇女无数，衣冠禽兽，坑害良民子女，天下之人，无不思食其肉。大奸不除，国无宁日，庆父不死，鲁难不已。恶贯满盈，必遭天罚，中州义士，勠力同心，共诛首恶，以谢天下。今列举其十大罪恶如下：

一曰：横征暴敛。

忽必烈执政初年，劝民归农，凡遭自然灾害和战乱地区，均减免赋税；阿合马上台后，极力追征，害得小民苦不堪言。元太祖成吉思汗时，规定僧道可以免税；阿合马执政后，不论僧道军民户，一律不得免税。

二曰：敲诈地方，极力搜刮。

至元十一年（1274），元朝九路虫灾，可阿合马反而将灾区的上缴赋银提高了一倍。至元十三年（1276），京兆等路的赋额由19000锭骤增到54000锭。

三曰：官办矿冶，获取暴利。

阿合马规定铁农具只准官卖，农民要跑到很远的集市去购买，常常耽误耕作。官卖价格很高，以此攫取暴利，盘剥小农。

四曰：实行钞法和盐法，陷害百姓。

阿合马发行无本纸钞，使物价暴涨，纸钞贬值；他还禁止私盐，设置巡禁私盐军，以缉查私盐为名，掠夺民财。

五曰：任人唯亲。

在长达 20 年的专权时期，他安插了大批心腹于朝廷要害部门，有的甚至位至显宦。如他的长子忽辛毫无才干，却被安排为大都路总管，家奴忽都答儿被授予兵权。他滥设官府 204 所，安排数百亲戚、同党做官，耗费国家财力。

六曰：破坏汉法。

忽必烈的治国方针是以汉法治汉地。阿合马却千方百计破坏汉法，他任尚书平章政事后，独断独行，不断排斥汉法官吏。在汉法派大臣的建议下，忽必烈同意设立御史台，监察各级官吏。阿合马想非法专行，逃避监督，多次请求撤销御史台。

七曰：排挤国家重臣。

勋臣之后，当朝右相安童见阿合马擅权日重，欲救其弊，遂奏劾阿合马祸国害民。阿合马于是将他排挤出朝廷。阿合马在忽必烈面前谗毁另一汉法派大臣廉希宪，使廉郁郁而死。

八曰：陷害异己。

宿卫秦长卿，上书弹劾阿合马。阿合马将其下狱，想杀掉他；兵部尚书张雄飞力阻，阿合马又将张雄飞排挤出朝廷，随即杀害秦长卿于狱中，对另外两个政敌刘仲泽和亦麻都丁也采取同一手段害死。

九曰：制造冤狱。

中书左丞崔斌向忽必烈历数阿合马之奸蠹行为，阿合马怀恨在心。后崔斌为江淮行省左丞，政绩卓然。阿合马捏造罪名，杀掉崔斌。得知此事时，真金正在东宫吃饭，他立即扔掉筷子，派人速往制止，但已经来不及了。

十曰：好色成性。

对于最后一条，陆思肖还补充解释道：阿合马是一条不折不扣的色狼。如果有他喜欢的女人，绝逃不出他的魔掌。如果未出嫁的闺女，他哪怕不能强纳为妾，至少也要将她奸污。他一听说谁有漂亮的女儿，他手下的一半帮爪牙，就到她父亲那里说："你有一个漂亮的女儿，嫁给我们阿合马大人吧！阿合马将授你荣华富贵。"这个人也不敢不答应，于是只好忍痛舍弃自己的女儿。这时，阿合马便到皇帝面前启奏："某官缺人，或某官行将任满，某某人是这种职务的适当人选。"千方百计说服皇帝许诺官职。于是，这女子的父亲马上被指定上任。这么一来，许多美丽的女子，或因自己父母的野心，或是慑于他的淫威，一个一个地成了他的妻妾或情妇。

马可看完这份文件后说，他回朝时一定将此事向太子真金禀报。

回大都向忽必烈祝寿

　　大约半年后，马可必须回大都述职，同时参加大汗的诞辰庆祝会。大汗的诞日是 9 月 23 日，所有的高级官员都去参加庆祝活动。

　　当马可、郝略和马窦抵达时，庆祝活动已经开始了。他们看见，大都的所有臣民，不论男女老少，都穿上白色的衣服。这是蒙古人的一种风俗，他们认为白色衣服是吉利的服装。为了庆祝大汗的生日，各省各路，都向大汗进献礼物，包括金银珠宝和白色的布匹。蒙古人是很重视"九"这个数字的。因此，凡是敬献给大汗的礼物，都必须是"九"这个数字的九倍。例如：如果这礼物是马，就要九九八十一匹。如果是黄金，就要九九八十一块。如果是布，就要九九八十一匹。波罗一家也进献了礼物。

　　忽必烈生日这一天，所有的王公贵族，文武官员以及星相家、医师、捕鹰者等人，一大早都要到皇宫来向他拜寿。所有来拜寿的人，都必须按身份站在对应的位置上。最前面的是皇子皇孙，接着是蒙古人建立的各汗国的可汗，再排下去是各种等级的官员。每人都各就各位后，一个大官员站立起来，高声喊道："跪下，敬拜！"于是，所有的人立即跪下，向忽必烈叩头。大官又高声喊道："望上天保佑我们的皇帝陛下永远生活在快乐和喜悦之中。"全体一齐回答道："希望能够这样。"大官又说："望上天保佑百姓安宁，天下太平。"大家接着回答道："希望能够这样。"像这样跪拜四次之后，那个大官便走上一个供着写有大汗名字的红牌位的祭坛，他领着大家在牌位前庄严地焚香敬礼。然后，各人回到自己的位置上。到此，祝寿仪式才算完了。

紧接着，就是向忽必烈敬献祝寿的礼物。所有献上的礼物都要让忽必烈观看一遍。这些东西都由大象、骆驼驮着。大象和骆驼身上都披着华丽的锦衣。它们由专人牵引着，排列成整齐的队伍，按顺序从忽必烈面前走过，接受检阅。

忽必烈检阅完毕，接着就是举行盛大的宴会，众人尽欢而散。

元如意云纹金盘（南京博物院藏）

元景德镇窑青花釉里红镂雕盖罐
（故宫博物院藏）

元朝征日以灾难告终

日本前线传来蒙古军队失利的消息。

征日的元军是分两路出发的。

1281 年 5 月，忻都和洪荣丘等率东路军 4 万人，乘战船 900 艘，从高丽合浦（今韩国马山）出发，袭击日本对马、壹岐两岛后，在日本的九州登陆。日本守军已有前次抗击元军的经验，他们在九州沿海构筑工事，与元军进行了激烈战斗。元军未能获胜，退至九州附近的鹰岛上，后来又侵袭了对马等岛，但没有尝试再在九州登陆。

南方的 10 万征日军本应由阿剌罕率领，但时值阿剌罕病重，不能领兵前往，改命阿塔海代替。阿塔海不懂航海，所以这支 10 万人的江南军实际上是由南宋降将范文虎指挥的。1281 年 6 月 18 日，10 万江南大军乘着 3500 艘战船，浩浩荡荡离开宁波，开始了征日的航程。这支军队于 7 月份抵达日本平壶岛。与东路军会合后，大部分军队进屯鹰岛。计划分数路在九州登陆，夺取九州首府。但各路指挥官内部矛盾重重，东路军成分复杂，既有蒙古人，又有高丽人和汉人。副元帅洪茶丘又与高丽军统帅金方庆仇怨甚深。江南军统帅范文虎是南宋降人，为诸将所轻视，结果意见有分歧，指挥不能协调。当然，主要是日本守军已做好抗战准备，防卫甚严，使元军不敢贸然进攻。因此，元军驻鹰岛一月之久，逗留不进。8月1日夜，刮起了猛烈的飓风，元军战船多半用绳索缚在一起，紧靠在一处。大风大浪一来，船与船互相撞击，大多数船只都撞坏了。在那天夜里，军士号呼溺死在海中的不可胜计。侥幸活着逃回的将士向大汗报告说："日本海的风浪太可怕了，好像老天发怒一样。事先没有一点警觉，天突然变黑了，暴风雨向我们猛扑过去。大海变成了地狱，喷吐出了许多魔鬼！我们的战舰沉没在像山一样高的惊涛骇浪下面。雷电交加的狂风刮得船头相撞，粉碎沉没。日本人一个劲地喊叫'神风，神风！'刮的是神风……我们就这样完了。"

风浪过后，没有被淹死的军官们赶紧抢夺尚完好的船只逃命，元军大乱。例如，万户厉德彪、招讨使王国佐、水手总管陆文政等都坐船逃回来了。忻都、范文虎等统帅紧急磋商，讨论对策，但没有得出一致的意见。结果这些统帅各自挑选一艘坚固的好船，也匆匆逃回，将数万士卒丢弃于岛上。忻都、范文虎等回国后，向忽必烈谎报军情，说是因为下属将领不听指挥，擅自率部逃去，他们才不得不带领余军撤回。抵达合浦后，便出钱遣散士兵，令其各自回乡了。直到后来被俘士兵从日本逃回，真相才暴露。原来，元军统帅忻都和范文虎乘船逃走后。剩下的军士推举张百户为主帅，号之为张总管，听其号令。张总管带领大家伐木作新舟，同时修补破船，打算船造好后一起返回中原。不料8月7日，大批日本武士组成的军队前来围攻这些残余的元兵。元军奋勇抵抗，大部分死于战斗中，其余2万至3万人被日军俘虏。8月9日，日本人把这些俘虏带到八角岛，把其中的蒙

日本《蒙古袭来绘词》中元军与日本军队交战情景

古人、高丽人和汉人全部杀死。只留下新附军（日本人谓新附军为唐人）做奴隶。后来这些被俘的奴隶中逃回的只有莫青、吴万五和于闾3人。江南10万大军，只有3人生还。这是蒙古兴起后的一次惨败。

蒙古人不可战胜的神话破灭了，从此以后，蒙古人再没有扩张一寸土地，也没有再派一船一卒去日本。

这次战争后，留下许多传言。其中一种传言说：由于特大风暴，几乎所有的船都翻了，但是还有3万名元军冒着风浪登上日本列岛，并攻入日本首都。无奈，他们被日本军队包围，又和元朝失去联系，只好投降了。所以这3万将士只好在日本度过他们的一生。这种传说可能是元朝政府为掩盖惨败而炮制出来的。

另一种传言称，范文虎和阿塔海逃回后，忽必烈指责他们军令不一，渎职无能，临阵脱逃，并下令严惩他们。范文虎立即被斩首了。阿塔海因为是蒙古贵族，被流放到寸草不生、全是岩石的荒岛上。到了岛上，他的一双手，用新剥下的水牛皮包上，然后用肠子缝好，当牛皮干了的时候，就非常牢固地粘在他的手上，无论如何也拿不掉。后来有人看见他活活饿死在岛上。但这只是传说，据史载，范文虎和阿塔海都未被处死。

向阿合马述职

马可听到征日失败的消息，知道忽必烈心情不好，便没有去觐见他。但他去看望了太子真金，并把江南百姓对阿合马的憎恨情绪向真金作了报告。真金微微一笑说："水可载舟，也可覆舟。多行不义必自毙。"真金没有把话说下去，也许，他真希望有一个起义者除掉阿合马。真金还说自己想到江南微服出访，了解民间疾苦。但他现在身体很弱，出门散一次步，就要躺两天才能恢复。忽必烈禁止他到离开京城。

见过真金不久，马可、他的父亲和叔叔被召去进谒阿合马。阿合马对马可大加夸赞，还拿出一件金布袍，令马可穿上，还说这是大汗赐给他的。这种袍子极其华贵，有权穿它的人，尤比荣耀。

阿合马不像马可初见时那样消瘦了，反而身体格外臃肿。他的头上缠着白头巾，白头巾上镶着花边，身上穿着珠光宝气的绸缎袍子。

马可要求与阿合马密谈。阿合马微笑着，表示同意。

马可告诉阿合马说，他到扬州去整顿税务，遇到许多困难。塔里布及僚属总是给他的工作设置障碍。他发现，有相当数目应上缴国库的税收，在塔里布的手里打了许多折扣，全少有一半收上来的税款，没有进入国库。

阿合马指示他继续搜寻证据，如果查清这笔钱是谁贪污了，他一定依法处置。

马可心中有许多感触，阿合马手下政府机构的腐败、忽必烈的复仇心理和文过饰非、元朝征日的失败，使他改变了对蒙古黄金帝国的看法。同时，马可也从对忽必烈的英雄崇拜中惊醒，发现忽必烈也是个有诸多缺点的普通人，有时也会失去理性，露出暴君面孔，容不得对他持批评态度的人。

第十三章

265—276

出使印度

阿合马被刺

阿合马自从掌握国家的财政大权之后，支持汉法的蒙古贵族和一些汉族官僚、儒士便同阿合马集团展开了持久的斗争。在 20 年的时间里，阿合马依仗忽必烈的信任，屡屡得手，使对手屡遭打击。但是，他横征暴敛，搞得民不聊生，致使天下怨愤，人人都想杀他。特别是崔斌被杀后，阿合马与汉法派之间的矛盾已到了不可调和的程度。

至元十九年（1282）三月，忽必烈巡游上都，太子真金一同前往，阿合马奉命留守大都。千户王著和高和尚纠集了 80 多人，假借太子之名，将阿合马骗至东宫将其诛杀。高和尚趁乱逃走，王著及余人被捕。不久，高和尚在大都一带被捕，同王著一起被杀。

忽必烈得知枢密副使张易暗中帮助王著作乱，即下令将其处以极刑。

忽必烈对阿合马之死耿耿于怀，下令要彻查。太子真金为了保护汉法派官员，便不失时机地揭露阿合马的种种罪行。于是，忽必烈命枢密副使孛罗等人追查阿合马的罪行，搞得人人自危。那些与刺杀多少有点牵连的汉族官员自然不用说，就是那些在刺杀事件中立了功的汉族官员，如张九思、高觿等，也受到了清查和攻击，他们被责难知情不报，没有防患于未然，以致阿合马被刺杀。许多汉法派大员都与张易有交往，都担心自己会被株连，于是纷纷向太子真金进言，请他发挥影响，扭转这一危险的局面。于是真金建议主持查案工作的枢密副使孛罗等人以揭发阿合马的党羽的罪行为主，将打击方向由刺杀者转向阿合马的党羽。阿合马的罪行罄竹难书，真金和孛罗把阿合马所犯滔天大罪全部罗列出来呈给皇帝。忽必烈看了之后，才知道这次刺杀事件的原因在于阿合马的腐败与暴虐。特别是阿合马贪污皇家的珠宝之事被揭发出来后，忽必烈更加怒不可遏。他说，阿合马真该杀，王著杀他杀对了。于是下令挖出阿合马的尸体，扔到街头，纵群犬撕咬。京城内的百官士庶都聚观称快。忽必烈还下令没收阿合马所积蓄的一切财产，收归国库，结果发现阿合马的财产数量极大，大大超过国库。而阿合马和他的七个儿子除被证实奸污许多妇女之外，还强迫不计其数的妇女做他们的妻妾。他们父子的生活糜烂程度，简直令人发指，忽必烈穷治阿合马的党羽，其子忽辛、抹速忽、阿散、忻都，其侄宰奴丁，其党羽阿里、耿仁等，均先后伏诛。孛罗等查明阿合马党人有714名，全部罢官革职，还把他们的名字列在黑名单上，不准再行起用。

由于枢密院副使孛罗等依据真金的指示，集中力量打击阿合马的势力，追查刺杀者的工作便无形中停止了。被怀疑与刺杀事件有关的马可也松了一口气。忽必烈又想到他了，重新委派他一项工作，命令他率领使团出使印度和锡兰（今斯里兰卡）。马可在出发前，先到扬州处理了一些未了事务，他把自己在扬州的房子交给了仆人雅可波。雅可波已同中国女子结了婚，生了孩子，他打算定居中国，不回威尼斯了。

印度马八儿国见闻

马可和使团从泉州起航乘一艘大海船，向安南和马来亚航行。到了安南和马来亚后，又继续航行，前往安达曼群岛和印度。途中，马可向船长学习航海的技术。

终于，他们在印度东海岸的马八儿国靠岸登陆了。马八儿国隔着海峡同锡兰相望，为南印度最富庶的古国。故地在今印度安得拉邦东南部本内尔河河口及以南一带，中国史书称其为"车离""珠利耶"或"朱罗国"。

马可在这里考察了一段时间，写出了下面的考察报告：

这个国家，受 4 个君主的统治。其中为首的一个名叫森德班迪。他的领土内有一个珍珠渔场，在马八儿国和锡兰岛之间的海湾中。该处水深不超过 20 米，有些地方，不超过 4 米。当地商人专门制造了一种采珠船，雇有专门的工人，定期出海采珠。据说，每当采珠船出海之前，还得请印度教的婆罗门（古印度僧侣贵族）对着大海念咒，让海里的大鱼躲开，不能伤害采珠的人。为此，商人每次采集到的珍珠要拿出 1/20 给这些婆罗门。

当一切准备工作都做好后，采珠船便扬帆出海。到了一定的地点，大船便抛锚停下来，采珠工人们换上一些小船。然后，各自便潜入水底，去寻找和采集海贝（或者叫海蚝、海蚌）。各人尽自己的本事留在海底，时间愈长愈好，因为下去一次不容易啊！当他们实在支持不住的时候，就上升浮在水面上，换换气，或者在小船上休息一会，然后再潜到海底去。工人们整天这样工作，真是辛苦极了。在他们从海底采上来的海贝肉里，结有大大小小的珍珠。把这些贝壳打开后，放在大船上的水桶里浸泡。当贝肉泡软被腐蚀时，像鸡蛋白一样，浮到水面上来，而里面的珍珠就沉到桶底下去了。采珠工人们就是用这样的方法，冒着生命危险采集了无数美丽的珍珠。然后，商人们便把这些珍珠贩运到世界各地去，赚得大量的金钱。这里的国王也从这项生产中抽取 1/10 的税金，作为国家的主要收入之一。

这里的人和其他地区一样有职业分工，但就是找不到裁缝。因为所有的人一年四季，只是在腰里缠一块布。无论穷人或富人都是这样，连国王也不例外。这是因为这里的气候一年四季都是热的，不需要厚衣物来避寒。由于没有人要做衣服，所以也就用不着裁缝了。

不过，国王虽说不穿正式的衣服，但是身上戴的东西倒是不少。他的脖子上挂着一条颈巾，上面装饰着红色、绿色、蓝色和其他颜色的宝石；脖子上还挂着一串美丽贵重的珍珠和红宝石，一直垂到胸前。这串珍珠宝石共有 104 颗。为什么一定要用 104 颗呢？因为国王每天早晨和晚上，要对着他所崇拜的偶像祈祷 104 次。

国王除了脖子上挂着带宝石的颈巾和串珠外，在他的手臂上和腿上，还戴着很多副金镯子，镯子上也镶着贵重的宝石和珍珠。甚至他的脚趾头上，也要戴上珍珠宝石。这就是说，国王从头到脚，都用黄金和珠宝装饰得满满的了。他身上戴的这些东西究竟值多少钱？谁也说不清楚。

国王每年都要发出几次告示，宣布凡是超过一定重量的珠宝，禁止带出国去；凡是贵重的珍珠、宝石，都必须送到宫廷里来，他愿以两倍的价钱收买。因此，人人都愿意把好的珠宝献给国王，而国王也尽量地收买。于是，在这个国家里，几乎所有贵重的珍珠、宝石都集中到国王那里了。

国王虽然聚集了这么多珍宝，可是他死后，任何人都不能动用这些珍宝，而只是贮藏起来。于是，每一代国王都聚积自己的财产，而把上一次国家的财产贮藏起来。这样一代又一代地传下来，因此，这个国家的珠宝真是多得无法统计了。

在这个国家，那些地位很高、享有特权的大臣们，对国王是十分忠诚的，他们不仅在朝廷里陪伴国王，而且无论国王外出走到什么地方，他们都要寸步不离地跟随着。甚至在国王死后，这些大臣也要跟着去死。当火葬的柴堆上燃烧着国王尸体的时候，那些平时不离左右、侍从国王的大臣，也自动地纵身跳入火堆之中，同国王一起烧掉。据说，他们这样跟着国王死去，下辈子便仍然可以陪伴国王了。这实在是一种极为愚昧的忠诚。

这里的人还有一个风俗，无论是国王、大臣还是一般百姓，都喜欢坐在地上。为此，他们还编造了一套理论，说是"因为我们是用土做成的，死后还要回到土里去，所以我们永远报答不完土地的恩情。坐在地上是很尊荣的，什么都比不上土地尊贵，无论什么人都不能够轻视它"。其实，那是因为天气太热了，一年四季都热得要命，人们感觉到坐在地上要凉快得多，久而久之，就演变成一种习惯流传下来了。这和他们的另外一些习惯是同样的道理。

他们还有一个习惯，就是每天早晨都要洗一次澡。如果没有洗澡，就不吃不喝。凡是每天不洗两次澡的人，就会被看成不守规矩，要受到大家的谴责。这种习惯也只有在热带居住的一些民族才有。

另外，他们吃东西的时候，不用筷子，也不用勺子，是用手抓的。因此，对一双手也有专门的分工，抓东西吃只能用右手，不能用左手来接触食物。左手则专门用来做粗野不洁而又非做不可之事。

在这个国家里，对于犯了罪的人，执行法律是很严格的。他们的习惯法规定，如果一个人欠了债，屡次对债主空口答应，却又一直拖着不还的话，债主就可以出其不意地在地上画一个圆圈把欠债人圈起来。欠债人一旦被债主围在这样的圆圈里，就不许走出来了。直到他能够把债务还清，或者至少交出一件有价值的抵押品，他才可以从圆圈内走出来。如果某个被这样圈住的欠债人既不还债，又不给抵押品来消债，竟敢从圆圈中逃走的话，那么他就成了一个违反正义和法律的罪犯了。这时，国王就要用固有的刑法，甚至死刑来惩罚他。这种法律，所有的人都必须遵守，连国王自己也不能例外。

有一回，国王因买了某个外国商人的东西，欠下了这个商人一笔钱。这个商人屡次请国王还钱，都未如愿。一天，当国王骑着马在城里走过的时候，这个外国商人便出其不意地围着国王迅速在地上画了一个大圆圈，把国王和他的马给圈住了。国王一看，糟糕，只好拉着马缰不再前行了。他赶紧还清商人的钱，然后才离开。周围的人们看到这种情形，都齐声称赞道："看国王多么遵守法律啊。"国土回答说："这个法律是我制定的。能够因为它对我不利而去破坏它吗？不能！我必须比任何人都更要遵守法律。"

这个王国的大部分居民信仰佛教，对牛表示特别尊敬和保护，认为牛是有益的动物，无论出自何种考虑，都没有人会被引诱去吃牛肉。这里的居民因信仰的关系，既不宰杀家畜，也不宰杀任何一种动物作食品。

马可写成了详细的考察报告，准备返回大都后呈交给忽必烈。他在这个国家受到国王的亲切接待。国王拒绝向元朝纳贡，但也不冒犯他，还准备了大量珍珠赠给忽必烈，让马可转交。

锡兰和释迦牟尼遗迹

马可离开马八儿国，往北航行千余里，就到达麦菲里王国。该国居民信仰佛教，不受其他国家的支配。他们靠大米、鱼、肉和水果为生。统治该国的是一位孀妇女王，名字叫作鲁得拉玛·黛维。她十分崇拜且忠于她的丈夫（也就是前任国王），自从她的丈夫死后，她拒绝再婚。由于她以公正平等治国安邦，政绩斐然，成了有名的女王。她也积极和忽必烈修好，准备赠送给他一大箱华丽宝石，由马可代为转送。

该国境内有一高山，高山顶上有一极大极深的山谷，任何人都不敢到谷底，因为传说那里有世界最毒之蛇，到谷底者会立刻被蛇吃掉。

据说在那个神秘的山谷里，有许多宝石。那些搜寻宝石的人，往山谷投下几块肉。山中颇多鹰，以蛇为食，鹰见肉掷谷中，立刻跟着飞下山谷，把肉衔到岩石顶上。寻宝的人立刻追扑上去，把这些鸟类驱走，抢回肉类，发现肉上粘有宝石。他们便把宝石取下来，带回去献给国王。

马可继续向南航行，到达这片辽阔大陆的最南端的乔拉和科摩林角，最后，转向东南方向，到了神话般的锡兰岛。

马可·波罗从小就听人说，锡兰是个充满巫师、小神仙和神话中的怪兽的国度，他十分向往这个国家，很想前往一游。现在，当他踏上这片神奇土地时，发现并没有传说的这些东西。但是，他仍然十分喜欢这个国家。这个国家的百姓十分自然，喜欢赤裸身体，仅掩其下体而已。气候十分宜人，金黄色的珊瑚滩十分美丽。锡兰国王桑德满，是位风度迷人、举止非常文雅的人，把马可视作忽必烈的代表，热情洋溢地欢迎他。

马可·波罗对这个国家写下了下面的旅行笔记：

锡兰岛上有一座很高的山，尽是重叠岩石，悬崖峭壁。据说，要徒手登上山顶实际上是不可能的，除非借助铁链来攀登。因此有些人靠铁链登上山顶。据阿拉伯人说，我们人类的第一个祖先——亚当的墓地就在山上。亚当犯罪后，被上帝贬到这座山峰上居住，因此这座山峰叫作亚当峰。但是，佛教徒断定，此处是佛教的奠基人释迦牟尼（佛陀）的葬身之所。山上有巨人足迹，佛教徒说是佛祖的足迹。

据说，佛陀原是锡兰岛国君主的儿子，不染世俗浮华风习，不欲袭位为王。其父闻其不愿为王，不爱荣华，十分担忧，竭力用女色来引诱他，并且用其他一切可以想象的世间享乐来动摇他的决心。但每次这样的尝试，都徒劳无益，王子没有任何欲望。国王没有其他儿子承袭王位，心中十分忧虑。于是，国王兴建一座大宫殿，让儿子居住其中，安置许多美丽侍女侍候他，命令诸美女日夜与其子游乐歌舞，尽量让其沾染世俗浮华之习，然而都没有什么结果。

元铜铸释迦牟尼像（故宫博物院藏）

　　王子好学，但从未出宫，从未遇见过死人及残废之人；每次客人来觐见国王，如果客人略有残疾，国王就不让其进门，免得让王子看见。有一天，王子骑马出游，看见一个死人。他从未见过死亡现象，心中十分诧异，询问侍从，才知道所见者是死人。王子就问道：每个人都会死吗？凡被问到者都给以肯定的答复。王子就不再问，低头沉思，继续前行。走了一段路后，见一老人，口中牙齿尽落，不能举步。王子又问道，这是什么人，为何不能走路。侍者回答说，这人老朽齿落，不能行走。王子回宫后，沉思默想，觉得这个世界有生、老、病、死四大痛苦，不能在这样的俗世再居留下去，应当寻求永远不死的造化。

于是他于某夜秘密出宫，独自来到这座高山上，在山中保持着独身生活和严格的禁欲，了结了他的尘世生活。

他死后，有人在山上发现了他的尸首，便将其尸运往他父亲的宫中。国王见爱子之尸，悲恸几至疯狂，叫人用黄金和宝石建造一个跟他儿子相貌相似的塑像，命令全岛所有居民尊敬它，把它奉为神明。这就是这国家崇拜佛教的起源，释迦牟尼至今还仍然被他们认为是至高无上的人。

锡兰岛国还盛产宝石。国王拥有一粒世界上最华丽的红宝石，长22厘米，灿烂无比，非常贵重。忽必烈曾派人来向锡兰国王索取这颗宝石。锡兰国王答复说，这颗宝石是祖传的镇国之宝，无论如何也不能出让。这次马可作为大汗的使者来访，锡兰国王为了与元朝结好，为表诚意，特将佛祖用过的钵送给忽必烈大汗。

当马可·波罗带着那只钵回到元朝大都时，忽必烈率领文武百官出宫迎接。

马可下了马，从鞍马袋中取出佛钵。八思巴、贵族和随行人员，以及群众中的每一个人都跪倒在地。马可小心翼翼地捧着佛钵，迎着忽必烈向前走去，走到他跟前跪下，将佛钵献给忽必烈。忽必烈敬畏地将钵接到手中，递给八思巴，八思巴的手触到佛钵时，一个劲儿地颤抖着。忽必烈扶起马可，拥抱着他，在这一刹那的激情中，过去的一切争论和分歧全都烟消云散了。就是在这个时候，马可惊奇地看见八思巴在向他鞠躬，于是一种奇怪、不安的思想涌上了他的心头。他是怀着使蒙古帝国投入教皇怀抱的理想，才来到中国的。可他现在所做的却恰恰相反。

皇族内讧

探视重病的太子真金

　　马可·波罗自印度返回大都后，与父亲、叔叔团聚，得知察必皇后已经亡故了，便匆匆骑马往上都探望自己的朋友——真金。

　　真金在上都的湖边疗养，听说马可·波罗来了，十分高兴，他要马可陪着他到湖边去散步。

　　"几个礼拜以来，我一直没敢走这么远，马可，这样十分冒险。"真金说，停下来喘气。

　　"尽可能靠在我身上吧。"

　　"我在这里，几乎不能走上几百米远的路，而你却走过了上万里的路。"

　　"我不是徒步去的呀。"马可微笑着说。

　　"不管怎样，你是一个旅行家，古今中外罕见的旅行家。你应当把你的经历写下来，流传后世，你的名字将留在史册上，永远不朽。而我在人生的道路上是个失败者。我是一艘未驶到目的地就沉没了的船，一棵尚未开花结果就枯萎了的树。我还未登基，事业还没有开始，就要死去了，多么可悲呀。"

"你会好起来的。"马可安慰他说。

"你不要欺骗我。不管御医说什么，我心里明白，我的生命之火就要熄灭了，随时都可能熄灭。我已选定我的树了，已经给自己安排了后事。也好，早点解脱，我已经活够了。"他努力想要微笑，但是怎么也笑不出来。

"你应当好好休息。"马可安静地说。

"想想看，本来一切都是可能的，可现在是绝不可能出现了。各族人民的大团结，蒙古人和汉族人亲如兄弟，所有的宗教融合成一个统一的宗教，建设富强康乐的大同世界……所有这些都是我青年时代的梦想，我原想登基后一步步让这些梦想实现。可现在这些都成了'水中月，镜中花'，可望而不可即的事物。我的一生是失败的。我推行的政策没有一项成功。我的兄弟们都有疆土，统治自己的王国，他们至少在自己的封地内有行动的自由，而我却什么自由也没有。我的一生是在父亲的羽翼下度过的，父亲的灿烂的光辉把我的光彩全掩盖了。我身居要职，却不能有任何作为，处处都要小心翼翼，既不能触怒父亲，又不能侵犯他的权

马可波罗画像

威。凡是敢于亲近我的汉臣都一个个被阿合马流放、罢官、抄家或处死。他们唯一的罪过是不愿阿附奸党，想维护我这个太子应有的权力。我名义上是中书省和枢密院的最高长官，却一点权力也没有，廉希宪被罢了官，我不能使他官复原职；安童被流放在北地，我无法把他调回来；崔斌被冤杀，我想救他，反而害得他被提前处决。我想除掉罪恶滔天的阿合马，却不能动他分毫，只能当着父皇的面，捶打他几下，以消心头之恨，可我那几下捶打却招来了他的疯狂报复。从那以后，他专门向我射暗箭，谋杀我的股肱助手。幸好有几个义士冒我的名把阿合马杀了，可为了杀阿合马一人断送了多少忠臣义士的性命！为了这件事父皇对我越发猜疑了。"

"现在你们父子应该消除了歧见吧？"马可说。

"唉，你最近没有在大都，不知近来的政事。近年来父皇日趋保守，不愿再行汉法，我的话他全然不听。我母亲去世后，我与父皇见面的机会也更少了。父皇年事已高，通过我的继母南必皇后过问大政。南必皇后不懂国家大事，遇到什么难题，总是和蒙古王公大臣商量。汉官想求见她，她总是闭门不见。今年年初，不知哪个鲁莽不更事的汉官奏了一本，说父皇年事已高，应该禅位给我，皇后不宜干预政事。这件事我事先没有知闻，事后才知道。当我听说有这封奏章的时候，心里害怕得不得了，因为我知道父皇是不愿禅位的。他如果听说有人劝他退位，一定暴跳如雷，他会怀疑这是我指使的，因而迁怒于我，把我废为庶人。这么一来，我就会被我那些觊觎太子宝座的兄弟们暗杀。我深知这件事的后果是什么，生长在帝王之家真难呀。写这封奏章的人署名'南台御史'，该奏章应该由御史台呈给父皇亲览。

当时尚文任御史台都事，他明白这件事的重大风险，于是把这篇奏章秘藏起来，没呈交给父皇。但奏章藏在档案库里，好像一剂火药，迟早会爆炸。果不其然，此事被阿合马余党答即古阿散等得知。他们在父皇面前奏请清查内外各官衙案牍，而实际上是要揭露此事。于是，清查组来到御史台，封存了全部吏案，准备一件件地清查。尚文将事情原委告知御史大夫，决定把这份秘密奏章扣留下来，不交给清查组。次日，答即古阿散得知此事，立即上告父皇，说御史台扣留了一封极其重要的奏章，这是欺君罔上的行为。于是父皇发布紧急敕令，命令宗正薛彻干前往御史台提取这封奏章。我听见这个消息，犹如五雷轰顶，恐惧万分。经过答即古阿散等人的作梗，这封奏章成了一剂剧毒药，它会毒死所有有关的人员，包括我在内。在这万分危急的时刻，尚文献计于丞相安童及御史大夫玉昔帖木儿'先计夺谋'，抢先至父皇前陈述事情经过。父皇听说居然有人要他提前让位给我，大发雷霆，厉声责问道：'你们控告答即古阿散暗害太子，可你们这些人难道没有罪过吗？'丞相安童带头认罪说：'我们的确有罪，无可逃避，但答即古阿散等人的名字早已列在阿合马党羽的名单上，属于永不起用的人。可他削尖脑袋，到处钻营，居然又混得一官半职，甚至进入权力中枢，而且不知悔改，又想借太子继位问题，煽动人心，危害天下根本，罪不可恕。依奴才之见，应当挑选一个重要大臣彻底追查此事，平息各种流言，安定社会秩序。'父皇见安童说得有理，怒气稍解，形势遂趋缓和。于是正气抬头，邪气被压了下去。朝廷上下一致攻击答即古阿散及阿合马余党，检举奏章纷至沓来。结果答即古阿散等因奸赃罪被处死，其同党分别被诛杀、流放或贬为奴。虽然这场风波已平息，但我在其中不知受了多少惊吓。阿合马被杀案和奏请禅位案都是朝廷派系斗争的表现，可我却成了斗争的焦点，马可，你说我做人难不难？我活得太累了，我想得到解脱。"

"今后你可以不过问朝廷事，隐居某地，颐养天年。"马可说。

"不行啊，我是太子，不过问朝政行吗？我现在是骑虎难下啊！当太子吧，只能成为政治斗争的焦点和借口；不当太子吧，则会被暗杀。只有死亡才能使我获得解脱。"

真金沉重地靠在马可的肩上，他的体力似乎在逐渐地消失。他的脸色此刻甚至更苍白了，他的呼吸更不规律、更急促了。马可抱着他。"马可，起风了，寒风刺骨，扶我到里边去吧。"

在他们回去的路上，马可暗自想着："生在帝王之家真是一种不幸啊！"

没过几天，太子真金就崩逝了。

马可想要给太子真金送葬，未获允许。蒙古人告诉他，太子真金要葬在阿尔泰山上，那儿是蒙古人的故乡。墓地要保密，非宗室人员不准前往，只有宗室成员才可以去送葬。

代表忽必烈与乃颜谈判

真金死后不久，忽必烈还没有从丧子打击中恢复过来，又传来乃颜叛乱的消息。

有一天，忽必烈朝见群臣。一位大臣出班启奏说："启禀陛下，乃颜正在召集他的部落起来叛乱，他正在利用他的基督教信仰，作为反对陛下和分裂帝国的借口。"

"这与他的信仰无关，"忽必烈直率地指出，"主要是他的狼子野心，还有海都的奸诈挑唆，使他发了狂。"

"就乃颜和海都而论，我们都应懂得，朕不能容忍他们肆无忌惮。如果他们在这里，在我们中间有耳目的话，"他怒目环视周围，声音冷酷起来，"让他们好生听着：乃颜和海都的好日子到头了。无论他们的旗帜上有什么标记，他们都无法看见朕的愤怒！"

随即忽必烈命令马可带着他的特别使命去见乃颜。因为作为基督徒的马可，是唯一可以与乃颜对话的人。

乃颜正值壮年，统治着中国北方的许多地区，手中握一支30万人的骑兵。他年轻气盛，见忽必烈年老，皇位的继承人真金又死去，对皇位起了觊觎之心，图谋叛乱。为此，他派人去联络海都，准备联合海都夹攻大都。

马可来到乃颜的帐篷营地时，看见众多的武士集结在乃颜的旗帜下，旗上绣着景教的十字架。他看到的是一支兵力比原先料想的要强大得多的、似乎随时准备作战的队伍。作为忽必烈的使者，他到处都受到带有敌意的打量和挑衅。在走近乃颜的大帐时，门外的卫士对他极不礼貌，和他争执起来。

乃颜听到了吵闹的声音，就从帐篷里出来一探究竟。他的妻子陪着他一齐出来，那是一位美丽的妇人。乃颜吻了一下她的前额，她就回到里面去了，好让他和客人进行谈判。他深知马可对他是同情的，就热烈地欢迎他。

马可下了马，同乃颜一起走进帐篷。他对乃颜宣布，忽必烈大汗准备做些让步，希望和平解决争端。然而马可的周围仍是一片战争的喧嚣声——士兵们有的试验武器，有的磨刀，铁匠在铁砧上忙个不停。乃颜的面部表情没有流露一丝真实的感情。

"马可·波罗，你最好留下来，和我们一起。我的叔父忽必烈要让佛教变成帝国的国教，如果他的意图实现的话，你这个基督徒在大都就没有立足之地了。"

"忽必烈想维护蒙古帝国的统一性。"马可说。

"帝国根本没有统一,四大汗国都是独立的，忽必烈无法用武力维护统一。他要用宗教来统一蒙古帝国，也注定是要失败的。伊儿汗国已经信奉伊斯兰教了。"

马可正要回答，这时一群蒙古人骑着马从门前走过，他认识他们当中的一人。那就是海都汗的女儿爱吉阿弩克，一位美丽而野蛮的女武士。

马可问乃颜说，海都的女儿来这儿干什么，她的家离这儿很远。乃颜回答说，她是来此打猎的。

马可决定告辞，他问乃颜有什么口信捎给忽必烈。

"你可以对大汗说，乃颜尊敬他，因为我们有共同的血统；我钦佩大汗作为武士的高超武艺，也没有忘记他的许多胜利。但是，我不能为了要满足大汗的野心，而牺牲我自己应有的权益。"

马可上马要走时，乃颜向前迈了一步，走到他跟前，放低了声音说："马可先生，你难道忘记了你作为教皇的特使来到东方的使命吗？"

当忽必烈听到他的和平条件被拒绝时，他没有做任何评论。马可重复了一遍他带回来的消息，建议带着新条件再去见乃颜。但是，忽必烈依然不说话。随即，马可报告说，他看见海都的女儿在乃颜那里，乃颜的兵力很强，正在积极部署。这时在场的八思巴和铁穆耳都感到很震惊。忽必烈却十分沉着，甚至连头也没有抬。这时，一位来自北方的信使走了进来，递上一封告急信。

八思巴阅读这封急信时，手一直在发抖。

"陛下！叛乱蔓延开了。"八思巴喊道，"叛乱从甘肃东边的兰州，蔓延到了居延！"

忽必烈好像如梦初醒，说道："这是帝国有史以来面临的最大威胁。如果乃颜与海都联合，那么，大部分蒙古部族就联合起来了！"忽必烈向八思巴迅速做了个手势，接着说："召集大理院！召集枢密院！朕要他们在一个小时内到会！"

忽必烈亲征乃颜

忽必烈准备以最大的决心，捍卫自己的疆土。这时，大理院王公贵族们全到齐了，军事统领们也到齐了。忽必烈恢复了精神，心里已经策划了战略，制订了作战计划。

他把问题摆在王公大臣和将军们面前："帝国中西部两个最大的部落反叛了！"他指令马可介绍局势。

"乃颜发动叛乱是担心他的地区可能会被大汗吞并，"马可禀告说，"他本人是个爱好和平的人。还有机会说服他放弃反叛。没有乃颜，海都就无法进攻。但是，重要的是一定要提出条件。"

有些王公大臣对马可的话点点头赞成。但忽必烈却不以为然。

"我饶恕他们的次数太多了。他们自从长大成人，就一直滋扰生事，想要反叛。每次他们都被镇压下去，我都饶恕了他们。"他提高了声调，声音越来越大，"不管怎么说，乃颜绝不是爱好和平的人。这根本不是单纯为了得到更多的权益而叛乱。"

忽必烈的冷峻和愤怒使马可十分烦恼。他用手指着马可说："甚至在你和他谈话时，他的心中就已经想到了叛乱，绝不是权益，而是战争，是要在中国北部替自己建立一个新的王国。与此同时，海都鼓励中亚细亚的部落切断我们和西方的联系，将帝国分裂成两部分。"他的声音随着愤怒升高了："这次绝不赦免！"

"陛下有什么旨意？"铁穆耳问道。

忽必烈对一位统领说："调集南方驻军，你需要多长时间？"

"30—40 天，皇上。"

"太慢了！"忽必烈暗忖着。

"骑马无论多么快，伯颜和纳速剌丁至少也要花这么多时间才能到达这里。"一位大臣推算说。

"大汗旨意让谁率领大军？"

"朕要亲自出征！"

忽必烈的决定，引起了一片惊愕。马可和大家有着同样的疑虑。人人都知道自从忽必烈上一次亲自统帅大军作战以来，已经过去几十年了。然而，却没人有足够的勇气来反驳他。

"伯颜的军队不到，如何能组成大军呢，大汗？"八思巴问。

"御林军、城防军和其他一路上参加进来的各路军队。朕不需要伯颜的人马。我们的军队一定要在乃颜和海都会师以前发动进攻。我们要以迅雷不及掩耳之势，打他个措手不及。封闭一切通往北方的关口，使他们得不到我正在采取对策的任何消息。传朕的旨意，命令人马整装待发。一定要在两个月内打败乃颜！"

整个议政大厅议论纷纭，众说不一，简直像开了锅一样。马可用钦佩眼光注视着忽必烈。他觉得他这是头一次看到了忽必烈的真面目。马可知道，这种各个击破的战术，比对付乃颜和海都的联军，自然要更加稳操胜券。

忽必烈粉碎乃颜的叛乱

蒙古鼓不停地响着，声如雷鸣，震耳欲聋。忽必烈大汗的神兵在汹涌前进。忽必烈全身披挂，骑在白马上，走在千军万马的前端，在他前面开路的是旗手。忽必烈后面，簇拥着高级统领和穿戴全副盔甲、使用十八般兵器、身经百战的战将们。接着走过来的是由各色标旗的大小旗幡组成的旗队。尾随旗队之后，是八思巴、马可、铁穆耳和各位王公大臣。精锐的骑兵紧紧跟着，步兵殿后，排成很宽的队列，缓慢而有力地向前进行着。皇后的帐篷搭在一辆大车上，由几十头牛拉着。随夫出征是蒙古妇女的义务。运送辎重的大车队跟在皇后的牛车后面。辎重车后面是更多的步兵。骑兵后卫队是由军中一些最精良的骑兵编成的，他们在侧翼和大队人马的后面，时刻警戒着。

一路上不断有增援的部队来会师，都是些驻守地方的军队，临时调拨而来。忽必烈的出征大军声势越来越浩大，欢呼之声不绝于耳。

大军渐渐接近乃颜的地界，乃颜的哨兵见状大惊，掉头就跑，但都被忽必烈的弓箭手射杀。途中，凡是遇到属于乃颜的毡包和游牧群，通通抢掠一通。大军所过，不留子遗。

大军过了山口，到达一个山谷扎营，此地离敌人大本营只有十余里。忽必烈召集他的军事统领们，下达了旨意。骑兵一律受命下马，包裹好马蹄，摘下了马身上的响铃，保持绝对肃静。

凌晨，忽必烈传令全军：鸦雀无声地向前潜行。先头部队的士兵身着黑衣，匍匐前行。他们爬到了敌营周围的士兵跟前，杀掉了卫兵。接着，主力部队就跟了上去。军事统领们巧妙地部署好了一切，尾随的大军紧张地等待着，只要一声令下，就要发动攻击。

乃颜在他的帐篷里，躺在妻子的身边，正在香甜地睡着。他的心里很安稳，因为他知道贝克特和海都皆支持他，他的军队在数量上超过忽必烈能调得动的御林军。他一觉醒来，首先听到的是远方沙丘上柔和重击声。他起先弄不明白为什么会有这种声音，一直到喊杀声传来，他才反应过来了。

他半裸地冲出了自己的帐篷。他看见帐篷周围已被千面旌旗所包围。骑兵和步兵从四面八方越过了山丘，以排山倒海之势发起了冲锋。他还来得及注意到：忽必烈大汗在一个大山丘顶上，泰然自若地骑在马上，指挥着进攻。第一批急发的飞箭，就像一阵风一样射出，百发百中，不少人在睡梦中被射死。一根根燃烧的木头，被投向各处的帐篷。乃颜的营地里到处起火，秩序大乱。他听到他的妻子在起了火的帐篷里尖声地喊叫着，但是他无暇去营救。他的部下各自为战，拼死抵抗。他无法指挥，只能挥舞着大刀，奋力抵抗。

忽必烈站在山顶上，冷静地指挥着军队，只要他的某一部分军队在进攻时受阻，他就抬起胳臂往下一挥。于是一批新的军队就像海潮一样平推上去，一举击溃敌军。马可也站在高处，目睹这场罕见的大厮杀。他大为惊骇。这种血腥的场面他一辈子也不会忘却。他看见长矛刺穿了士兵的身体，有的士兵的四肢被砍掉了，无数马匹的眼睛被刺瞎了，有的人被活活烧死，有的被割断了喉咙……就在这场大厮杀的高潮中，他辨认出了一个拥有魁梧身躯的年轻人，他曾经和他摔过跤。那是卡沙尔。只见卡沙尔跳下马鞍，用刀刺杀了一个统领，然后又战胜了两三个进攻者。最后，他也陷入了包围圈，十多支长矛对准他，像刺杀一头野猪一样，把他杀了。

战斗结束了，乃颜的军队全部被歼灭，忽必烈的士兵狂欢庆祝，洗劫没有烧成灰烬的帐篷。马可在死尸堆中翻寻着。最后，他终于找到他所要找的人——爱吉阿弩克公主。她脸色苍白，虽然死了，依然那样美丽，她手里握着长刀，躺在她努力想营救的卡沙尔身边。

胜利之后，敌军统帅的耻辱下场要到来了。乃颜被剥光了身子，五花大绑着，被强迫跪在那里，看着他的旗帜被投到忽必烈的脚前。这个被俘的叛军头领被带到忽必烈的前面跪着。忽必烈往下看着乃颜："乃颜，你犯了帝国有史以来最大的叛国罪。"

"处死！杀！杀！杀！"

忽必烈一挥手，使全军将士的齐声呼喊安静下来，随后又转向乃颜："因为你身上有与朕的相同血统，有成吉思汗的血统，你的血不能洒溅在地上。你要按我们的法律明文规定的方式被处死。"

乃颜受了伤，头晕目眩，被人往后拖着。拖到了一块空地上铺开的毯子上。他被地毯紧紧地裹好，就放在那里。忽必烈带着军事统领们和步兵们都开拔了，谁也没有回头看一眼。马可在那里等待了一段时间，亲眼看着蒙古骑兵开始向地毯行进，然后，他也离开了。

告别归国

忽必烈恩准马可·波罗归国

波罗一家在中国住了 17 年，经常思念故乡。尼哥罗和马窦多次请求忽必烈允许他们回国，但忽必烈总是挽留他们。太子真金和乃颜死后，马可十分哀伤，他对于忽必烈和乃颜之间的战争十分反感。他急切地想回到威尼斯。

有一天，八思巴主动来找马可，说乃颜被杀时，他看见马可拾起了从乃颜脖子上扯下来的十字架，这种虔敬的举动令他深感敬佩。他说他敬重马可的信仰，他们真该在一起作出一些伟大的事业啊！

"现在为时太晚了。"马可不无惋惜地说。经过这么多年，这位"国师"和他才开始彼此了解。

八思巴说："不晚，友谊是一种横跨时间和空间的桥梁，我要做些事弥补我以往对不住你们的地方。你们不是急切地要回故乡吗？我告诉你最近有一个好机会。"

原来，此时适逢地处波斯的伊儿汗国大汗阿鲁浑的妻子去世，遗命非其族人不得袭其王妃之位。阿鲁浑便派遣使者三人前来朝觐忽必烈，请求赐予故妃族人之女为妻。三位使者来到元帝国向忽必烈陈明来意。忽必烈答应了这个请求，从其故妃族人中选出阔阔真公主为阿鲁浑王妃。由于返回波斯的陆上交通因与海都的战争而阻塞，便拟走海路。使团得知波罗一家三人富有航海经验，有意请他们三人护送公主。而波罗一家也正好借此机会回国。现在只差请求忽必烈恩准了。

马可听了，心中大喜，认为这是一个千载难逢的可以回国的好机会，不然的话，他们一家就会永远禁锢在这豪华的皇城因牢里了。

八思巴说他自己也要离开大都了。他需要重返寺院，过一种幽静而纯洁的生活。权力是一种毒药，有时候，它可以令人迷失，道德败坏。

"我必须赶紧离开这个权力中心，免重蹈阿合马的覆辙，"八思巴说，"我们都是在浩瀚无边的不可知的旅途上，到处都是陷阱和泥潭，人生是不可捉摸的。马可，你现在急切地想要回家，但不要把家乡想得太美，也许家乡等着你的是牢狱之灾。好了，不谈了，天机不可泄露。落叶归根，回归故乡是理所当然的事。"

马可备受感动。这位冷漠、镇静、寡欢的八思巴显露出他是个热情、机智的人，有着强烈的信仰。

"我们走吧！"八思巴说，"陛下在等着呢……"

他们走到觐见厅，尼哥罗和马窦正等在门外，两个人因多次请求回乡被拒绝而十分沮丧。马可没有时间向他们解释。

忽必烈坐在宝座上，不得不克制自己，不能表现出易怒、不快和不适。在他下面的高台上坐着阔阔真公主，她穿着皇族后妃的华服，系着华贵的银腰带。

太子铁穆耳坐在过去真金坐的位子上。三个伊儿汗国特使跪在御座前。三个威尼斯人进来后，在大汗面前跪下。忽必烈对他们所提出的计划，明显不悦。他首先说海上航行很危险；然后说新娘可以坐商船去，不必专使护送。

伊儿汗国特使乌拉台说："公主坐商船对伊儿汗国是一种侮辱。"

八思巴插话说："公主殿下一定要由一位高贵的使臣护送，这样做不仅会使伊儿可汗感到光荣，也是大汗的恩德。"

"我们将派本朝经验最丰富的使臣和宫廷女官护送阔阔真公主，"铁穆耳说，这是他第一次说话，"马可·波罗、他的父亲和他的叔叔都有特殊的才干和无可比拟的见识，如果他们受命负责这次远航的话，你们的主上肯定会满意了吧？"

乌拉台和其他特使叩首谢恩。太子干预此事，出面帮忙，使马可甚为吃惊。尼哥罗和马窦现在才明白为什么召见他们，不禁十分兴奋。忽必烈望望周围，看见他是少数，比先前更加烦恼和不安。他对马可说："你们要什么时候动身？"

马可回答说，必须立刻启程，因为现在海上是顺风，风向对行船有利；过了这个月，风向一变，就会对航行不利了。

忽必烈喃喃地说："好吧，准备好动身的安排。"

听见圣旨恩准他们回国，尼哥罗和马窦大大地喘了一口气。阔阔真公主露出了微笑。伊儿汗国的特使们显然松了一口气。觐见完毕后，其他的人鱼贯而出，马可继续跪着。

"朕不能让你走……除非你答应回来。"忽必烈继续说，"朕知道，这是个很难作出的决定，你需要时间认真考虑。这是不能轻易答应的许诺，但是这是朕的愿望。"

"是陛下的愿望——或是陛下的旨意？"马可微笑着说。

忽必烈的笑容隐约可见，笑容显露出了从前的忽必烈。长期以来，忽必烈的这个笑容被屠杀和流血所遮蔽了。"朕理解这两者是一致的。听着。朕要写信给教皇，还有法兰西、英格兰和西班牙的国王。因为你很清楚在东西方之间、在蒙古帝国和基督教地区之间架起桥梁的重要性，所以这些信件就委托你送达。当你递交了这些信件，重返故里以后……朕很希望你能回到大都来。"

"我答应！"马可说。

"朕知道你会答应的。如果朕还活着……"

最后一次陪忽必烈骑马

几天以后，黎明时分，马可从马厩拉出自己的坐骑，来到了御马厩。有一段时间，真金和他习惯地每天早上陪着大汗一块骑马，自那以后，他有很久没有这样和大汗一起骑马了。

如同他所料到的，他看见忽必烈已在那儿等他，御马官牵着大汗的良种白驹，让忽必烈自己备上马鞍。这是一贯严格遵守的惯例。所有在场的马夫都俯伏在地。忽必烈用力给马紧上肚带，累得出了汗。他看见马可走到跟前跪下，就暂时停了下来，很高兴。"你来和朕最后骑一次马吗？"他问道。

"是的，陛下。"马可对他说。分手的时候已经到来，马可深深感到难过。

忽必烈也动了感情，挥手示意让他起身，就转过去继续系肚带。他猛然往上一抽，使劲拉紧肚带，一边喃喃地说："如果朕事先知道你的回国会让朕这样难过，朕是决不会同意放你走的。"

"我也很难过，陛下。"马可轻声说。

忽必烈语重心长地说："马可·波罗，你的功德会在这个国家里流传下去的，只要人们还有记忆，就会记住的。"

马可见他自己无力扣紧马的肚带，就大胆走过去，抓住肚带，往上一提，扣上了。忽必烈紧紧抓住他的胳膊，表示感谢。接着，忽必烈抓住马鞍，好不容易才把脚扣住马镫。他努力想翻身上马，但是他的年龄、体重和体力的衰退都使他力不从心，他骑不上去。为他感到痛苦和焦急的马可，向前走了一步。但是忽必烈向他粗暴地挥手，不要他帮忙。忽必烈使了全身力气，再一次上马，又失败了，他攀着马鞍，身子吊在空中直喘气，脸贴在马背上，一番用力令他筋疲力尽。

"海都是对的，"他喃喃着，"我们在马背上征服了世界，也应该在马背上统治世界。但是，朕老了，骑不上马了，朕只能算是半个蒙古人了。"他浑身颤抖，不得不停下来喘口气。"流的血太多了，上天生我们的气了……铁穆耳将要继承的，是个分崩离析的帝国。"他尽力想振作起精神，挺直腰杆站着，"我所做的一切，都是为了真金……但是，我给他的东西并不是他想要的……"

他回转身去准备上马。他使出全身力气，想做最后一次努力。马可向前迈步，靠得近一些，双膝跪下，两手捧在一起。忽必烈伸出手去，摸了一下马可的脸，表示深深的宠爱，好像父亲宠爱儿子一般。然后，他接受了他的帮助。他把脚放在马可的手上。在他的帮助下，他终于骑上了马。跨上马鞍，他挺直身体，振作精神，抓起缰绳。他再次成为一位威风凛凛、驰骋疆场的人物。

忽必烈举手向马可致敬，就掉转了马头。

马可停下来注视着他，一直到看不见为止。

告别中国

　　锣鼓喧天，万人空巷。人们聚集在泉州港的码头上，观望着雄伟的船只准备起航。水手们检查着船缆。阔阔真公主是第一批上船的乘客之一，有 50 多位宫娥侍候。马可、尼哥罗和马窦在欢送者的欢呼声中上了船。前来欢送的人都认识并尊敬这几位威尼斯人，尊重他们为蒙古帝国所做的一切贡献。

　　太子铁穆耳利用这个机会，和马可作了最后的谈话。他们从来没接近过。"这是我们一生中最重要的一天，马可大人。"

　　马可以同样严肃的声调说："殿下，请转告陛下我将继续效忠于他。我离开这里，最想念的人就是陛下。"

　　铁穆耳太子说："为了表示对你的尊敬，在我继承皇位时，我要在大都修建一座你们宗教的教堂，以供今后来京城的基督教徒们传道祈祷。"

　　"谢谢殿下。"马可说。

　　"你留在我们心中的功德，将永远留在中国，并且会世世代代传下去。"

阔阔真公主远嫁所乘坐的泉州船模型（泉州海外交通史博物馆藏）

德化窑青白釉四系罐（意大利威尼斯圣·马可教堂藏）

景德镇青花缠枝牡丹纹瓶
（上海博物馆藏）

太子铁穆耳伸出双手，马可紧紧地握住。

铁穆耳上了岸，人们最后相互告别。船开始起锚，转动着巨大的风帆，捕捉了最充足的风力，在旁观者们的持续欢呼下，开始航行，徐徐驶出了港口。

马可同尼哥罗、马窦一起留在甲板上，一直站到港口在左舷船头外变成了一个很小的黑点为止。前面等待他们的，是一次路程漫长、困难重重、危险丛生的航行。但是，他们怀着轻松愉快的心情起航了。他们相信，有一天，在遥远的将来，不论前面会发生什么事情，他们终究会再次看见那宁静的威尼斯共和国。

自从马可随他的父亲、叔叔，还有吉里奥、阿加斯丁诺和雅可波，第一次乘船出发，驶进亚得里亚海以来，近20年的时光流逝了。他们的生活，充满着一连串的危险、喜悦、悲伤、冒险、损失、荣誉和终生难忘的异地风情。他的生命历程从青年时代到壮年时期，从天真无知到经验丰富，从微不足道到地位显赫。他拥有了许多朋友，他也丰富了自己。而最主要的是他在这些年中，离开旧的世界，游历了一个新的世界。

在他的前面，是他诞生的城市。在他的后面，是一个欢迎他、教育他并开始尊敬他的大帝国。纵然有些回忆在涌上心头时使他感到痛苦，但他一想起忽必烈、他的朝廷和整个帝国都会记住马可·波罗这个名字，他就总是感到他在内心里得到了慰藉。

尾
声

　　马可·波罗的船队由泉州出发，先来到中南半岛的占城，然后再由占城沿着中南半岛南下，过马六甲海峡，来到小爪哇岛（其实是苏门答腊岛）。此处有 8 个王国。因为气候恶劣，无法继续航行。一行人在这里逗留了 5 个月，他们是在等待季候风。在小爪哇岛上看不见北极星，这倒是很有趣的事。年轻的阔阔真公主对马可十分温柔，她从来不抱怨旅途的艰苦，他们之间逐渐产生了深深的爱慕之情。阔阔真对他的一片柔情，医治好了他过去的创伤。

　　然后，他们到了南巫里，采集了一些苏木的种子，打算带回威尼斯去试种。苏木是一种热带植物，树皮可入药。

　　船队再由南巫里出发，停泊于锡兰港。然后，再向印度出发。先泊于东海岸的马八儿国，然后继续航行，下一站是印度南端的科马利（即科摩林角），接下来是俱蓝。到了这里，波罗一行人才又见到北极星。接着他们沿印度西海岸航行。

印度的东海岸，首先是马八儿王国。这个王国盛产胡椒、生姜、肉桂和椰子，又出产优质的棉布。然后是胡茶辣国，这里盛产生姜、胡椒，棉花产量也很可观。再下去是塔纳、坎巴夷替及克斯马科兰等国，接下来就到了伊儿汗国东南方的霍尔木兹港。

到达霍尔木兹港以前，他们在海上漂流了两年，船上大部分人都染上了疾病。船员们的身体非常虚弱。有一次，没有一丝风鼓动船帆，他们的船就这样在印度洋里漂流了一个月。

由于疾病、风暴和海盗的袭击，他们损失了全部护送的船只和一半护送人员。

波罗一行人在霍尔木兹港登陆。他们得到消息说，阿鲁浑汗已经死去三四年了。就是说，在他们尚未离开中国时就已经死了。同时，他们也听说，大汗忽必烈已经逝世，长眠在阿尔泰山上的秘密安息地了，铁穆耳继承了皇位。他们开始感到悲伤，然后又为阔阔真公主获得自由而高兴，她许配的大汗已经死去，再没有什么人可以阻止她随马可继续向前航行了。可是，又出现了一种新情况：当时伊儿汗国由阿鲁浑汗的弟弟乞合都摄政。阿鲁浑汗的长子合赞，正带着6万名士兵防守着东部边境。按照古老的蒙古习俗，合赞可以娶死去的父亲的未婚新娘。阔阔真就要做他的哈敦。于是，乞合都汗派来了信使，迎接阔阔真公主到合赞的驻地去，与合赞结婚。

阔阔真眼里噙着泪水，向好像生身父亲一样的尼哥罗和马窦告了别。最后，她向马可告别。她向惊讶的使者们解释说，她带来奖给护送人员的全部礼物，都在途中丢失了。她从腰上解下了作为皇室象征的银腰带，送给马可作为纪念。腰带和她的眼泪一样，传递着对他的一片情意。她把她的心随同礼物一起送给马可保存。但是，她不能对自己应履行的职责置之不理。

波罗一行继续前行。因为怕被抢劫，他们穿得破破烂烂，最后到达威尼斯时，他们家里的新仆人竟要赶走他们。马可的姑父已经去世了。姑母已经非常老了，所以她看了好几分钟，才认出了他们。人们为他们难过。最后像乞丐一样，但到底回来了……

他们的亲戚和从前的朋友接到他们重返故里举行招待会的邀请，出于礼貌前来参加。他们看见波罗父子依然穿着十分破旧、沾满灰尘的衣服，桌上只有面包和清水汤。尼哥罗、马窦和马可脱掉外衣，露出蒙古帝国王公贵族们穿戴的华贵金衣、银制腰带、宝石项链，人们才惊讶万分。这简直像是一个神话。

马可·波罗终于回到了故乡，但他身体的一部分已经留在了他旅行过的异乡。

他是威尼斯公民，但又是全世界的儿子。

图书在版编目（CIP）数据

马可·波罗与中国 / 吴兴勇著 . -- 南昌：江西
人民出版社，2024. 12. -- ISBN 978-7-210-15775-5

Ⅰ. K919.2

中国国家版本馆 CIP 数据核字第 20242D2G51 号

马可·波罗与中国

MAKE BOLUO YU ZHONGGUO

吴兴勇　著

出版人：梁菁　策划组稿：游道勤　王一木

责任编辑：陈才艳　责任校对：王园园　张　政

版式设计：章雷　封面设计：马淑玲

地址：江西省南昌市三经路 47 号附 1 号（邮编：330006）

网址：www.jxpph.com　jxpph@tom.com

编辑部电话：0791-86898115　　发行部电话：0791-86898815

经销：各地新华书店

开本：787 毫米 × 1092 毫米　1/16　印张：19.5　字数：200 千字

版次：2024 年 12 月第 1 版　印次：2024 年 12 月第 1 次印刷

书号：ISBN 978-7-210-15775-5　赣版权登字 -01-2024-629

定价：128.00 元

承印厂：浙江海虹彩色印务有限公司